少年读苏东坡

黄鸣　陈珂岚　刘恬

著

台海出版社

图书在版编目（CIP）数据

少年读苏东坡 / 黄鸣，陈珂岚，刘恬著 . -- 北京：
台海出版社 , 2023.6（2023.12重印）
　ISBN 978-7-5168-3588-3

Ⅰ . ①少… Ⅱ . ①黄… ②陈… ③刘… Ⅲ . ①苏轼（
1036-1101）—传记 Ⅳ . ① K825.6

中国国家版本馆 CIP 数据核字 (2023) 第 115659 号

少年读苏东坡

著　　者：黄　鸣　陈珂岚　刘　恬

出 版 人：蔡　旭
责任编辑：王　艳

出版发行：台海出版社
地　　址：北京市东城区景山东街20号　邮政编码：100009
电　　话：010-64041652（发行，邮购）
传　　真：010-84045799（总编室）
网　　址：www.taimeng.org.cn/thcbs/default.htm
E－m a i l：thcbs@126.com

经　　销：全国各地新华书店
印　　刷：天津嘉恒印务有限公司
本书如有破损、缺页、装订错误，请与本社联系调换

开　　本：710毫米 ×1000毫米　　1/16
字　　数：192千字　　　　　　印　　张：17.25
版　　次：2023 年 6 月第 1 版　　印　　次：2023年12月第 2 次印刷
书　　号：ISBN 978-7-5168-3588-3

定　　价：58.00 元

中华文化有很多优秀的代表性人物。其中，作为古代文人这个群体的代表人物，苏轼（字子瞻，号东坡）一直是人们关注的重心。

人们喜欢苏东坡，不仅因为他做了许多利国利民的事，诚然，苏东坡在没被贬谪的时候，每到一地为官，都为当地百姓做了不少实事，但是，如果仅仅做到这一点，在古代历史太多勤政为民的典型中，苏东坡并不是最出众的，他的一生，被贬谪的时候太多，就是想多出点儿力，也没有办法啊。

人们最喜欢苏东坡的，是他的人格魅力。

苏东坡是一个在命运的压迫下随时都能保持着乐观精神的人。在一切顺利的日子，他当然忧国忧民，并尽自己的全力去兼济天下；当所有的事情都好像在跟他作对的时候，虽然他也消沉，也沮丧，但很快地，他就能从消沉和沮丧中挣脱出来，用一种乐观豁达的心态去笑看人生。他的独特人格魅力，来自他对命运磨难的消解与升华。不可否认，在这个过程中，道家、佛家的思想都帮助过他，但是，他并不是对佛道思想的简单运用，而是把这些思想中的有用部分揉碎后再和自己的思想相结合，从而达到一种儒释道交融的思想境界。这种思想境界，帮助他应对了生命中的无数惊涛骇浪，并使他在贬谪海南后，能够重新等到回归中原的机会。

如果拿现在的流行语来说，苏东坡就是一个怎么也拍不死的"小强"，他无论身处何方，都自带主角光环，使得他的所过之处，都留下了许多轶事和佳话，为后世传诵。现代作家梁遇春，更是觉得苏东坡身上有着一种西方文学中的"流浪汉"气质，这是从比较文学角度展开的思考。虽然，苏东坡和西方流浪汉形象不尽相同，但那种潇洒不羁的情致，却是颇有近似之处的。

历来写苏东坡传记的人很多。现代以来，最为著名的当然是林语堂先生的《苏东坡传》，他的这本书开始是用英文写给外国人看的，后来用中文印行。但是，用比较浅显的语言将苏东坡一生的主要事迹叙述出来，以供少年人来阅读的苏东坡传记，市面上似乎所见不多。为此，我们不揣浅陋，编写了这本《少年读苏东坡》。

我们编写此书的旨趣，在于用浅近的语言，顺畅地叙述苏东坡这不平凡的一生。书中所引的苏轼作品，都是为了呈现与他人生相关的各种现场，这是我们这本书与一般的苏东坡作品鉴赏的书籍不一样的地方。又因为是传记体裁，所以本书的叙述采用了时间线索，读者可以从苏东坡幼年之时，一直读到他生命的尽头。书中的每章之下分列几个小节，这样，眉目结构比较清楚，也方便读者在读的时候抓住重点。

愿少年朋友们在阅读这本书后，能感受到苏东坡的人格魅力、乐观精神以及他达观的生活态度，这些在工作和生活节奏大大加快的现代社会，也是有借鉴意义的。书中如有错误的地方，也欢迎读者批评指正。

黄 鸣
于海淀家图四壁斋
2023 年 2 月

一

在眉山：苏轼的少年时代

巾帼不让须眉

宋仁宗景祐三年十二月十九日（1037 年 1 月 8 日），北宋著名文学家苏轼在今四川省眉山市的苏宅中呱（gū）呱落地，他是家里的第二个孩子，上有姐姐八娘，下有弟弟苏辙。他的父亲是苏洵，母亲是程夫人。

程夫人出身于眉山的巨富之家。富家千金程夫人嫁给穷小子苏洵之后，日子过得不是很如意，一来是丈夫苏洵不上进，整日游荡在外；二来则是生活拮据，每日粗茶淡饭，生活水平一落千丈。但程夫人并没有抱怨，也没有责怪，反而还尽量地理解和关心丈夫。

苏家周围的邻居见她日子过得艰苦，就对她说："你的父母将你视作掌上明珠，你去求他们给你点儿资助，他们怎么可能不答应？何必天天过这样的苦日子呢？"听了邻居的建议，程夫人连想都没想就直接拒绝了，她知道，如果自己这样做，别人就会说丈夫的闲话，这对他来说无疑是莫大的侮辱。

程夫人并非一味放任苏洵，也会时不时地提点丈夫，勉励他读书学习。程夫人也确实等来了苏洵的浪子回头。明道二年（1033 年），苏洵幡然醒悟，认识到读书学习的重要性，于是十分认真地向程夫人诉说了自己想要重新读书学习的愿望，又表达了自己养家和读书不能兼顾的苦恼。

程夫人听了苏洵的肺腑之言，感动极了，没想到自己在有生之年还能看到丈夫有志向学，于是她毅然将持家的重担挑到了自己肩上。程夫人将家中所有的服饰、器玩都整理出来，一一典当，换取了经营家业的本金。在她的精心打理之下，没过几年，苏家竟然发家致富，资产翻了好几倍，成了当地有名的富裕之家。

如此看来，程夫人只是囿（yòu）于古代女子身份，被各种家庭琐事束缚住了手脚，不然凭她的魄力与才干，必然大有一番作为。

良母教子有方

苏轼、苏辙兄弟童年时，父亲忙着读书学习、外出游历，根本顾不上他们，教导孩子的任务就又落到了母亲程夫人的身上。

程夫人自幼受书香熏陶，拥有超越同时代女性的学识，她总是用古代先贤的故事勉励孩子们，以培养他们的品德和气节。有一天，程夫人带着儿子们读《后汉书》，其中有个叫范滂（pāng）的人吸引了他们的注意。

范滂是东汉末年的一个小官，为官清廉，刚正不阿，却生不逢时，在党锢（gù）之祸中被小人诬陷下狱。他的母亲带着小孙子来与范滂诀别。范滂安慰母亲不要伤心，而范母却说："我儿如今留下了美名，我又有什么好悲伤的呢？"范滂深感母亲大义，于是向母亲跪拜。范滂转过头看着自己的儿子，无奈道："坏事千万不能做，

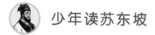

但我向来只做好事，如今却落得如此下场！"

程夫人和小苏轼读完这个故事后，都深有感触，苏轼一本正经地对母亲说："我想做个像范滂那样的人，母亲允许孩儿这么做吗？"苏轼小小年纪竟有如此志向，程夫人在惊喜之余，也不忘鼓励儿子："你能做范滂那样的贤臣，难道我就不能做范母那样的人吗？"母亲的这番话，像是有千钧之力，深深地刻在了苏轼的心中。

俗话说："言传不如身教。"程夫人明白这个道理，所以在教导孩子们时，她总是以身作则，传递给孩子们正确的是非善恶观，这种价值观也伴随了苏轼的一生。

程夫人为经营家业，在眉山租了一处宅子。有一天，两个婢女在院子里熨（yùn）烫丝织品时，其中一个忽然惊声尖叫起来，大家听到叫喊声，纷纷围了过来，原来是她的双脚陷进了泥土里。

再定睛一瞧，婢女脚下竟有一个好几尺深的洞坑，有个眼尖的仆人惊奇地发现洞底有个盖着名贵乌木板的大瓦罐。仆人们都很兴奋，认为里面一定藏有金银珠宝，想要挖开一探究竟。但程夫人的决定却出乎意料，她让仆人把罐子原地埋起来，还郑重地嘱咐他们："不义之财万不可得。"

十几年后，苏轼在陕西凤翔府任职，在他住所旁的古柳下发现了古人埋藏的丹药，他牢记母亲的教诲，做出了和母亲一模一样的抉择。

在苏轼的记忆中，程夫人是一位仁慈善良的母亲，他写过一首《异鹊》诗，提到幼时生活的眉山故宅中鸟雀云集，而自己总是和玩伴们一起给鸟儿喂食，欣赏悦耳的鸟啼。苏轼之所以能有这样美好的儿时回忆，依然是程夫人的功劳。程夫人不喜杀生，所以嘱咐家中小孩与奴仆，不得捕杀鸟雀。长此以往，苏家宅院吸引了各种各样的鸟雀，珍贵的桐花凤也成群结队而来，鸟儿将巢筑在花木的低枝上，丝毫不畏惧生活在这里的人们，就连小朋友都能伸手触碰到巢中的雏鸟。

少年辛苦真食蓼（liǎo）

苏轼不仅诗词文写得精妙绝伦，书画也潇洒漂亮，而且不论哪一方面，他的成就都处在金字塔尖。除了文学艺术，苏轼在水利、医疗、美食等多个领域都有造诣（yì）。即使苏轼身处北宋那个群星闪耀的文化盛世中，也无疑是最为耀眼的存在。

后人提起苏轼时，常冠以"天才"之称。但鲜为人知的是，苏轼也曾经历少年苦读，他形容自己年少读书时的滋味就像吃蓼草一样，又苦又辣，这或许才是天才背后常人难以察觉的艰辛吧。

与老爹苏洵不同，少年时期的苏轼，除了读书学习，对什么都不感兴趣。这与其父母的悉心教导不无关系，母亲程夫人在苏轼童年时与他一同读书，父亲苏洵亲自教育儿子时，又十分注重引导示范。

对于年幼的苏轼、苏辙兄弟来说，苏洵不仅是父亲，也是良

师，更是他们学习路上的同伴，他常常会带着孩子们同读一本书，读完之后三人还会一起交流感悟。有一次，父子三人同读富弼（bì）的《使北语录》，富弼在其中记录了他在劝说大辽国主退兵时所说的话："出兵打仗耗费人力物力财力，国家定会遭受巨大损失，只对那些想升官晋爵的大臣有好处。所以，凡是劝您出兵的北朝臣子，都是为了自己的利益而考虑的人，根本不是为了北朝。"读完这段话后，父子三人都叹服于富弼能把道理讲得如此明白透彻。

但老苏并没有就此罢休，他趁机提问两个孩子："有没有哪一位古人也表达过类似的观点？"苏轼反应迅速，立马就回答道："汉武帝时的严安说过类似的话，只不过他没有富弼讲得这么明白。"看到儿子能够牢记学过的知识，而且还可以举一反三，有自己的思考与见解，苏洵感到十分欣慰。

老苏兴许是意识到自己年轻时走了弯路，为了避免孩子们重蹈覆辙，便在学业上严格要求两个儿子，就连每日应该看多少书，他都给孩子们安排得明明白白。有一次，老苏要求苏轼在规定时间内读完《春秋》，时间到了，苏轼只粗略地读了一半，因为害怕父亲过问和检查功课，他的内心始终惴（zhuì）惴不安。这种焦虑的感觉，苏轼即使年过花甲，依然记得清清楚楚，他在诗中这样写道："怛（dá）然悸悟心不舒，起坐有如挂钩鱼。"

摸鱼只是偶尔为之，刻苦勤奋才是少年苏轼读书学习的常态，他为此断绝了一切社交往来，每天大门不出、二门不迈，专心读书

学习，甚至连院子里的花草也不愿多看一眼。

天才初露锋芒

苏轼少年读书时，不拘于儒家经典，他欣赏贾谊、陆贽（zhì）的实用文章，也能在庄子雄奇诡（guǐ）谲（jué）的世界中自由徜（cháng）徉（yáng）。广泛涉猎和勤学苦读，再加上老苏亲自教导作文，苏轼很早便已将各种典籍记在心中，作文的时候金句迭出，显露出过人的才气。

在苏轼十几岁时，苏洵让他围绕夏侯玄作一篇文章。夏侯玄是三国时期曹魏重臣，字太初，不仅有着"朗朗如日月之入怀"的英俊面庞，而且颇具名士风度，以性情沉着冷静而著称。

据《世说新语》记载，夏侯玄在雨天倚柱作书，突然有一道雷电击中了他身后的柱子，还把他的衣服烧焦了，可夏侯玄却镇定自若，照样写字。即使在生命的最后一刻，夏侯玄也依然能保持冷静。他因不满司马师独断专权，而参与密谋夺政，不料事情泄露被捕入狱，临刑前，夏侯玄依然面色不改。

只见苏轼稍加思索，很快就写成了一篇名叫《夏侯太初论》的文章，老苏看了之后，也不免被儿子的文采所震惊，其中"人能碎千金之璧，不能无失声于破釜（fǔ）；能搏猛虎，不能无变色于蜂虿（chài）"一句，他更是赞不绝口。

　　这句话的意思是说，一个人有勇气把价值千金的玉璧摔碎，也有可能被瓦锅的破碎声惊得大叫；能够和猛虎以命相搏，也会被小小的蜜蜂和毒蝎吓得面色惨白。苏轼用两个简短的对比句，说明了同一个人在有思想准备和意外来临时的不同反应，突出了夏侯玄不管面对任何事都泰然自若的品质。

　　苏洵见苏轼小小年纪就能写得一手好文章，自然对儿子的前途充满信心，时不时地也会让苏轼拟写一些公文。老苏欣赏欧阳修的文章，当他看到欧阳修写的一篇谢表时，赶忙把苏轼喊过来，让他拟写，想看看他如何下笔。苏轼的文章再一次给老苏带来了惊喜，他化用《诗经》和《论语》中的典故，写出了"匪伊垂之带有余，非敢后也马不进"的佳句，老苏不禁拍案叫绝，直接对苏轼说："儿子！这句话你日后受赏赐时肯定能用上！"

　　除了受父亲教导，苏轼也曾师从眉山当地的刘微之先生，在城西寿昌院的私塾学习。刘先生平日里爱写诗，有一次，他写了一首《鹭鸶》，随即就给孩子们念了出来："鹭鸟窥遥浪，寒风掠岸沙。渔人忽惊起，雪片逐风斜。"苏轼听了，又细细揣摩了诗意，站起来对刘先生说："先生的诗好是好，只是最后两句似乎不太妥帖。"先生解释说："白鹭受到惊吓而纷纷飞起，像被风吹斜的雪片，这有什么不对吗？"苏轼不慌不忙，向老师行了礼，又缓缓道出自己的见解："白鹭将巢筑在芦苇丛里，它们受到惊吓会立即飞回巢中，落到芦苇丛上，如果改成'渔人忽惊起，雪片落蒹（jiān）葭（jiā）'岂不是更形象？"刘先生听了苏轼的见解，也被面前这个少年的才学和见识震惊到了，直言道："孩子，我真是没有资格做你的老师了！"

文学天分尽显

苏轼是两宋文坛最重要的文学大家，同时也是优秀的文艺评论家。他曾以水为喻，评价自己的文章，说道："吾文如万斛（hú）泉源，不择地皆可出。在平地滔滔汩（gǔ）汩，虽一日千里无难。及其与山石曲折，随物赋形而不可知也。"这篇《自评文》，很好地说明了苏轼文章无所限制、浑然天成的特点。

早在眉山，苏轼还是个翩翩少年时，他的文章风格就已初具雏形。

苏轼曾从一位乡野老人那里得到过一把小刀，虽然这把刀不足一尺，但做工却很精致，刀上还有若隐若现的花纹。苏轼对这把刀爱不释手，每天都要把它带在身边。

古代的卫生条件不像现在，家中常有老鼠出没，苏轼家里也不例外。老鼠整日在宅子里上蹿下跳，到处寻找粮食吃，它们还总是发出窸（xī）窸窣（sū）窣的声音，吵得苏轼和弟弟无法专心读书。更令人恼火的是，这些老鼠异常狡猾，会事先在房子里打好几个洞以方便脱逃，所以每当苏轼想给这些烦人的家伙一点儿颜色瞧瞧时，最终只能是两手空空地生闷气。

自从苏轼随身携带这把刀之后，往日里烦人的老鼠没了踪影，于是他就把这件事记录下来，写成了《却鼠刀铭》。苏轼在这篇文章中除了记叙见闻之外，还展开了丰富的想象。他由眼前的老鼠想到了那些成妖成怪的大老鼠，它们如强盗一般，行事嚣张，连猫也无可奈何。苏轼想，既然那把小刀有如此神奇功效，那么驱赶那些成精的大老鼠自然也不在话下。

苏轼最后在这篇文章中发出感慨，猫日夜巡逻，捕杀老鼠，抓住之后便极尽折磨之能事，老鼠却依然泛滥猖獗。我的小刀就不一样了，即使藏在盒子里，也能使老鼠们闻风丧胆。二者对比，更加突显出刀的独特品质。

苏轼十几岁时写的这篇文章，因现实而起，又因想象而生动有趣，其中蕴含的哲理更是令人回味无穷。苏轼的父亲兼作文老师苏洵看了这篇文章，不由得啧（zé）啧称奇，他惊讶于儿子竟有如此敏锐的洞察力，还能借此生发，写出富含哲理的好文章，就找出珍藏的好纸，让苏轼认真地誊（téng）写了一遍，又请人装裱起来，挂到了自己居室内的墙上。苏轼看到自己的文章被父亲如此郑重地对待，心中也觉得十分自豪。

苏轼年少时曾在眉山的栖云寺内读书，在墙壁上写下了一篇《病狗赋》，伙伴们读了无不称赞。遗憾的是，这篇文章未能流传下来，我们也因此无法一饱眼福，看少年苏轼是如何妙笔生花的。

《后汉书》

《后汉书》是一部记载东汉历史的纪传体史书，由南朝刘宋时期的历史学家范晔（398—445年）编撰而成，属"二十四史"之一，与《史记》《汉书》《三国志》合称"前四史"。

表

表，中国古代文体的一种。是臣属向君王上书，陈情言事用的。虽是公文，但若写得好，也可成为流传千古的名篇，比如，三国诸葛亮的《出师表》。

除了"表"以外，给君王的上书还有"章"，是用来谢恩的；"奏"是用来弹劾的；"议"是用来发表议论的。不过，随着时代变迁，这些文体的功用和使用范围也在不断变化。

二

出川与中举

千里马初遇伯乐

经过十余年的闭门苦读，苏轼、苏辙兄弟已经成长为青年才俊，他们不仅学识过人，更是写得一手好文章。父亲苏洵看着两个儿子长大成人，心里有着说不出的高兴。喜悦之余，老苏又有了新的盘算，他觉得两个孩子如果一直待在眉山这个小地方，眼界始终有限，孩子们的才华不但没有施展的机会，自己多年以来的悉心栽培也就失去了意义。

想到这一点，苏洵决心带两个儿子走出巴蜀，就像自己年轻时那样，让他们看看外面的世界。东京城汴（biàn）梁作为北宋的首都，自然是开阔眼界的最佳去处。于是在嘉祐元年（1056年）暮春时节，苏家三父子告别了家中亲人，向着京城出发了。

从眉山出来之后，父子三人并没有着急赶路，而是先去成都拜见了时任益州知州的张方平。张方平比苏洵大两岁，虽年近三十才因参加制科考试而步入官场，但他的政绩也令很多官员望尘莫及，在京城能直言进谏，外放又能造福一方百姓。所以当张方平在巴蜀地区任职时，已经算是北宋政坛中有头有脸的人物了。

苏洵拜见张方平不为别的，就是想请这位见多识广的政坛前辈看看两个儿子资质究竟如何，能否走科考之路。张方平来巴蜀任职已有数年，他曾经收到过雷简夫举荐苏洵的信件，因此他对苏洵的才学有一定了解，这次当父子三人主动上门拜访时，张方平也不摆官员架子，十分热情地招待了他们。

一番寒暄过后，苏洵拿出苏轼、苏辙兄弟二人平日里写的文章给张方平看，并弱弱地问了一句："我这俩孩子参加乡试应该可以吧？"张方平并没有立即回答，待仔细阅读了苏轼和苏辙的文章之后，激动地对苏洵说："兄弟俩参加乡试实在是大材小用了！国家虽说用六科选拔人才，你的两个孩子太优秀了，即使中了进士也不能完全体现出他们的水平啊。"苏洵听了张方平的话，更加坚定了带孩子们去京师历练的决心。

张方平对苏家父子向来不吝（lìn）赞美之辞，他欣赏老苏的学识和为人，于是便给欧阳修写信推荐苏洵。父子三人暂住成都时，张方平还亲自出题，给苏轼、苏辙兄弟安排了一场模拟考试。兄弟俩能得前辈指点，自然十分珍惜这次机会，拿到题目后便开始认真思考。苏辙对试题有疑问，于是指着试卷向哥哥求助，苏轼没有说话，只是举着笔倒敲了几下，意思为"《管子》注"。苏辙又看了看第二题，依然心存困惑，迟迟不能下笔，他又指着给苏轼看，苏轼知道这道题根本就没有出处，纯粹是出题人设置的"陷阱"，于是直接提笔勾掉了。

"考官"张方平躲在墙壁后悄悄观察着两个孩子的一举一动，兄弟俩答题时的各种情态都被他尽收眼底。等考试结束之后，他对老苏说："你这俩孩子，都是天才，哥哥苏轼机敏可爱，而弟弟苏辙更不能小瞧，他谨慎稳重，将来在官场上的成就可能会超过哥哥。"

张方平不愧是"老江湖",一眼就看出了兄弟二人的个性差异,他的这番话也成了日后二人仕途命运的真实写照。

千年科举第一榜

成都之行令苏家父子三人收获满满,小住几日之后,他们辞别了张方平,踏上了前往汴梁的漫漫长路,他们先沿着蜀道北上,经大散关进入关中后,又一路向东,历经数月,在嘉祐元年五月,父子三人终于到达了向往中的东京汴梁。

九月,苏轼、苏辙兄弟和林希、王汾、顾临、胡宗愈等人在东京景德寺参加了举人试。袁毂(gǔ)第一,苏轼第二,苏辙也中了举。兄弟二人将进士试的"准考证"收入囊中。

嘉祐二年(1057年)正月,礼部主持的进士试开考,苏家兄弟也迎来了他们人生中的第一个重大转折。这一年坐镇的主考官是文坛领袖欧阳修,负责阅卷的是被誉为宋诗"开山祖师"的梅尧臣,两位文坛大佬早就看当时矫揉造作的浮靡文风不顺眼了,有志于变革文坛,只是一直没有找到合适的契机。而在这次考试中,他们掌握了以文取士的主动权,正好可以趁此机会向天下读书人传达出自己的文学主张,进而转变文坛的不良习气。

苏轼受父亲的影响,自小学习先秦两汉古文和"韩柳"的文章,所以当他写的《刑赏忠厚之至论》出现在欧阳修面前时,欧阳

修就再也挪不开眼了。尽管欧阳修十分赞赏苏轼的这篇文章，心中也认定这就是本场考试的最佳答卷，但最终苏轼却屈居第二，究其原因，真是令人哭笑不得。

原来，北宋科举考试采取糊名制和誊录制，就是把考生的姓名、籍贯等基本信息用纸糊住，再聘请专人誊抄。这样做虽然烦琐，但能够防止舞弊，最大程度上保证科举考试的公平。苏轼在考场上三易其稿而写成的《刑赏忠厚之至论》，文风朴实自然，说理明白晓畅，见解独到犀利，所以欧阳修就怀疑这篇文章出自得意门生曾巩之手，而自己作为主考官，若将其判为榜首，最终恐怕难堵悠悠众口。就这样，苏轼与这一场考试的第一名失之交臂。

等试卷公布之后，欧阳修大吃一惊，原来这篇写到自己心坎上的文章竟不是出自曾巩之手，他心里也觉得有些对不住这个年轻后生。好在苏轼在下一场的《春秋》对义中发挥稳定，再一次博得了欧阳修的青睐，顺利夺得榜首。

其实，也难怪欧阳修"看走了眼"，实在是参加嘉祐二年进士考试的考生实力过于强劲，这些人随便说几个出来，都是史书上赫赫有名的大人物，有名列"唐宋八大家"的曾巩、苏轼、苏辙，有北宋的理学大拿张载、程颢，还有后来官居宰相之位的曾布、吕惠卿……一届科考，能网罗这么多优秀人才，查遍历朝历代史书，恐也无出其右。尽管这场科考因考生实力强劲而难度陡增，苏轼、苏辙兄弟还是杀出重围，一举高中进士，苏家父子三人因此而名动京师。

老夫当避路，放他出一头地

金榜题名之后，按照惯例，主考官与这一届进士就建立起了师生关系，新科进士要向恩师递交致谢书，以表达知遇之恩。苏轼还是个孩子时，就经常听父亲老苏提起欧阳修，自然对这位文坛泰斗充满了仰慕之情。所以当苏轼得知不日就能见到自己心心念念的偶像时，他立刻动笔，把心中对偶像的感激和仰慕化作一篇《谢欧阳内翰书》。

身为文坛领袖，欧阳修也算是阅文无数，可他还是被苏轼的这篇文章惊讶到了，不由得感叹后生可畏。他赶忙把苏轼的这篇文章寄给了好朋友梅尧臣，邀他一同品鉴，同时还附赠一封真情实感的读后感："读轼书，不觉汗出。快哉！快哉！老夫当避此人，放他出一头地也。可喜！可喜！"

惊喜之余，这个初出茅庐的小伙子也给欧阳修带来了一个难题，令他寝食难安。事情又得从苏轼那篇名震天下的《刑赏忠厚之至论》说起，苏轼在其中提到了一个关于皋（gāo）陶（yáo）的典故，即便学识渊博如欧阳修，也不知道出处，他问梅尧臣，梅尧臣也想不起来，只好给自己找了个台阶下，说："何须出处！"欧阳修便一直将这个疑问留在心中，只当是自己年龄大了，记性也跟着变差了。

当苏洵带着苏轼、苏辙兄弟去拜见欧阳修时，欧阳修可算逮住了机会，赶紧拉住苏轼，问道："小苏啊，你在考场上写的那篇文章，真是漂亮！但有一处令我费解，皋陶三次建议尧帝诛杀罪犯，而尧帝却三次赦免，这个典故到底出自哪里啊？"苏轼不慌不忙地回答道："事在《三国志·孔融传》注。"

欧阳修是个爱较真的老头儿，当苏家父子走后，他走进书房，找出《三国志·孔融传》及其注释，仔细读了好几遍，依旧没有找到答案，欧阳修此时更纳闷了。等他再次碰到苏轼时，又把苏轼拉到身边，想问问清楚，苏轼解释说："当年曹操把袁熙的妻子甄（zhēn）姬赏赐给曹丕（pī），孔融说：'武王伐纣，把妲己赐给了周公。'曹操问孔融哪本书上记载了这件事，孔融却说：'我根据今天的事编造的，不过丞相您如今干的这事，和我编的事情可以说是大同小异了。'所以我文章中运用的皋陶和尧帝的典故，也是我经过合理推测，编出来的。"

苏轼的回答，是欧阳修未曾料想到的，他对这个年轻人的赞赏不由得又多了几分，心想：苏轼年纪轻轻竟有如此深厚的学问，而且还能将知识活学活用，真是个不可多得的人才啊！随即称赞道："此人可谓善读书、善用书，他日文章必独步天下。"日后，欧阳修与儿子又谈起苏轼，更是放话："三十年后，天下人只知苏轼，没有人会记得我！"

享誉天下的文坛领袖竟对一个毛头小子有如此高的评价，很快这件事就传遍了京城的大街小巷，苏轼的诗文成了当时文人追捧的对象。当然，欧阳修对苏轼的欣赏不只是嘴上说说而已，他还亲自将苏轼引荐给文彦博、富弼、韩琦等政坛前辈，为他日后的仕途铺路。

登科如拾芥

正当苏轼、苏辙春风得意，准备步入政坛大展宏图之时，他们收到了故乡眉山传来的书信，信中说，他们的母亲程夫人于嘉祐二年四月病逝于家中。这个消息犹如晴天霹雳，令父子三人都措手不及，他们连忙告别京中好友，赶回家中奔丧。丧事操办完毕后，苏轼、苏辙兄弟又留在家中为母亲守丧。

嘉祐四年（1059 年）十月，兄弟二人的服丧期满，他们与父亲商量之后，决定将家搬到京城。与嘉祐二年赴京赶考不同，一同去的还有苏轼的妻子王弗，一家人这次选择走水路进京，到荆州再转为陆路北上，等他们到达汴梁时，已经是来年二月。朝廷也给归来的苏氏兄弟都安排了官职，只不过都是处理文书杂事的九品小官，显然是大材小用了。

就在这时，苏轼、苏辙兄弟得知了一个令人振奋的好消息，那就是朝廷次年将会举行制科考试。大家可能就会发问了，兄弟俩不是已经进士及第了吗？怎么还要参加考试？原来，这制科考试同进士考试一样，也是科举考试的一种，不同的是，它可遇而不可求，

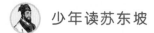

必须由皇帝下诏才能举行，目的是选拔特殊人才，而且制科考试的考察范围极广，根本就没有重点，难度可比进士考试大多了。

张方平之前就说过，进士考试对于苏氏兄弟来说过于简单。而现在，向世人展示自身全部实力的机会就摆在眼前，苏轼、苏辙兄弟自然是要将其牢牢把握住的。于是，他们决定不去赴任，留在京城备考，还请恩师欧阳修做他们的推荐人。

因机会难得，这次制科考试吸引了不少人前来报名。宰相韩琦一看这么多人，就忍不住和朋友吐槽了一句，他说："现在的年轻人真是不知道天高地厚，明明知道苏轼、苏辙也要参加这次的考试，还都来凑热闹，怎么敢呀！"韩琦的这句话，一传十，十传百，传到了考生们的耳朵里。一些考生转念一想，既然韩大相公都这么说了，看来这兄弟俩的水平是真高，我还是不要去做炮灰了吧。一些原本跃跃欲试的考生都放弃了考试，最后竟散去了一多半。

苏轼、苏辙果真是不同凡响，二人应贤良方正直言极谏策问，历经重重考验，再一次携手高中，苏轼更是以入三等的成绩一举夺魁。北宋制科考试，一、二等皆为虚设，实际上三等就是最高等级，其次为第三次等，而四等以上才为合格。苏轼可以说是北宋开制科以来的第一人，在他之前，仅有吴育在景祐元年（1034年）获得过第三次等，这无疑是至高无上的荣耀！此时的苏轼、苏辙，再一次成了东京城内的风云人物，就连宋仁宗都激动不已，对曹皇后说："吾为子孙得两宰相！"

二十七，始发愤

南宋学者王应麟编写的儿童启蒙教材《三字经》，把苏洵作为典型来勉励孩子们读书学习，"苏老泉，二十七。始发愤，读书籍。"这句朗朗上口的话语，的确发挥了它应有的作用，千百年来给予无数少年迷途知返的勇气。

苏洵虽年近而立才开始发愤读书，但他自己倒是十分乐观，丝毫没有"少壮不努力，老大徒伤悲"的悲愤，还自信十足地对妻子说："我觉得我现在学习也不迟。"从此之后，大龄青年苏洵谢绝朋友们的出游邀约，整日把自己关在书房内，读书学习，终于学有所成。

虽然苏洵学问很高，文章写得也很漂亮，但他的科考之路依然坎坷。庆历五年（1045 年），苏洵再次进京赶考，可他又落榜了。如果说老苏上次没考上是因为学艺不精，那么这次落榜就纯属运气不佳了。

这究竟是怎么回事呢？事情还得从两年前说起，当时北宋太平盛世下潜藏的危机已经暴露出来，宋仁宗再也不能袖手旁观，于是他启用范仲淹、韩琦等人，决意进行变革。范仲淹改革后的科举制度，由原来的重诗赋变为了重策论，这使诗赋向来薄弱的苏洵重新看到了中举的希望。但令他没想到的是，希望来得快，去得也快，

在他入京的那一年，新政宣告失败，各项改革也废止了。结果可想而知，苏洵写的文章注定得不到主考官的青睐（lài）。

再次名落孙山，苏洵心灰意冷，但他没有直接回家，而是选择南下，继续游历。直至庆历七年（1047年）五月，在外游历的苏洵惊闻父亲去世的噩耗，才匆忙返回家中奔丧。

丧事过后，苏洵仔细回想这些年的科考经历，他擅长策论，而科举却把"声律记问"之学当作选士的唯一标准，如果自己接着考，结果也不会有所改变。想通了这一点，苏洵豁然开朗，感慨道："此不足为吾学也！"他又翻箱倒柜，将自己之前为应试而写的几百篇文章找了出来，一把火烧掉了，苏洵对科考的执念也随着火光就此消散。

挣脱了功名的束缚，苏洵重新捧起《论语》《孟子》《战国策》及韩愈等先贤的文章，一遍又一遍地细读，潜下心来做学问。从这时起，直至嘉祐元年携二子进京应试，苏洵再也没有出蜀远游。他真正回归家庭，从妻子程夫人手上接过了教育儿子的重任。

雷简夫移巨石

北宋沈括的《梦溪笔谈》中记载，雷简夫为县令时，遭遇洪灾，洪水冲下巨石堵于山涧之中，以致洪水四处横流，成为祸患。巨石像房子那么大，人力无法移开，州县官民十分忧心。雷简夫命人在巨石下挖了一个大坑，挖到跟巨石差不多大时，将巨石推入坑中，山涧浚通，水患平息。

唐宋八大家

"唐宋八大家"，又称为"唐宋散文八大家"，是唐代和宋代八位散文家的合称，分别为唐代柳宗元、韩愈和宋代欧阳修、苏洵、苏轼、苏辙、王安石、曾巩八位。其中韩愈、柳宗元是唐代古文运动的领袖，欧阳修、苏轼、苏辙、苏洵是宋代古文运动的核心人物，王安石、曾巩是临川文学的代表人物。

常科和制科

唐宋科举考试的两种类型：常科和制科。

常科，有固定的考试日期和相应的考试科目，比如秀才、明经、进士等科目。制科，没有固定的考试日期，也没有考试科目的限制，由皇帝根据实际需要确定考试日期，其目的是有针对性地选拔优秀人才。

饮湖上初晴后雨二首（其二）

水光潋滟晴方好，山色空蒙雨亦奇。

欲把西湖比西子，淡妆浓抹总相宜。

这首诗是苏轼任杭州通判时所写的七绝组诗，此为其二。诗中赞美了晴雨天气下不同的湖山胜景，表达了作者对西湖的喜爱之情，也体现了苏轼开阔的胸怀和洒脱的性格。

潋（liàn）滟（yàn）：形容湖面水光波动。西子：西施，古代四大美女之一。

三

头角崭露的青年苏轼

赴任路上的感悟

制科考试结束之后，苏轼授大理评事、签书凤翔府判官。在北宋，这样的待遇只有进士科的状元才能获得，可以说相当优厚了。同时也能看出，朝廷上下，从宋仁宗到政界元老，都对政坛新星苏轼寄予了厚望，确实是把他当作未来宰相培养的。

相比之下，苏辙就没有哥哥这么幸运了，他的官阶评定、制词起草等事宜都由于种种原因耽误了好长时间，最终也仅仅被任命为试秘书省校书郎、商州军事推官。苏辙对此感到非常失落，于是便向朝廷上书，要求留在京中赡（shàn）养父亲。

苏辙初入仕途，就品尝到了苦涩滋味。早在制科考试时，苏辙初入政坛遇挫的命运或许就已注定，他在最后一关"御试对策"时写的文章引发了极大的争议。苏辙在对策中锐评仁宗皇帝，说他近些年来声色犬马、宠信奸佞（nìng）。司马光为人耿直，自然极为欣赏苏辙大胆直言的勇气，就提议将他列为三等；而范镇和蔡襄认为这样不妥，仔细商讨过后便将其定为四等；胡宿对苏辙的不满更加强烈，说他对皇帝出言不逊，坚持要给他不及格。考官们吵来吵去，竟闹到了天子面前，仁宗采取了一个折中之法，最终将苏辙划入四等。

选定了等级，制科考试也就宣告结束了，接下来朝廷就要为苏轼、苏辙授予新的官职。这时，负责起草任命状的知制诰（gào）王安石却撂（liào）了挑子，他给苏轼填写了制词，却将苏辙的任命状原封不动地还了回去。

王安石的意思不言自明，这给"新人"苏辙来了一个下马威，搞得他十分狼狈。别看王安石明里"踩一捧一"，其实他对苏轼也不满意。制科考试结果出来后，王安石曾对吕公著说："苏轼写的文章，迎面一股战国纵横家的味儿，我要是主考官，早给他淘汰了，他还能走到现在？"

嘉祐六年（1061年）十一月，苏轼在一个寒风天踏上了前往凤翔的路，当他路过渑（miǎn）池时，想起了五年前的往事。那是他第一次进京，与父亲、弟弟借宿于渑池县的一座寺庙，寺中的老住持奉闲和尚热情地招待了他们，临别前还请他们在寺庙的墙壁上题诗留念。

如今苏轼故地重游，他推开寺门，发现早已物是人非，五年前与他们一见如故的奉闲和尚已经圆寂，当年他们题诗的墙壁也已脱落，旧诗更是无处寻觅。苏轼看着眼前的情景，又想起了自己和弟弟的不同际遇。他们自小一起长大，彼此心意相通，苏轼又怎能看不出弟弟的落寞与不甘。感慨万千之际，苏轼提笔写下了那首著名的《和子由渑池怀旧》：

人生到处知何似，应似飞鸿踏雪泥。泥上偶然留指爪，鸿飞那复计东西。老僧已死成新塔，坏壁无由见旧题。往日崎岖

还记否，路长人困蹇（jiǎn）驴嘶。

苏轼在这首诗中以雪泥、鸿爪比喻人生，劝慰弟弟，人生路途漫漫，失意困顿只是一时，就像那偶然印在雪地上的爪印，志向远大的飞鸿是不会在意这些的。所以不必因为过去而伤感，更不能对未来心存恐惧。

政坛新星的职场初体验

嘉祐六年十二月十四日，苏轼到达凤翔，他长达四十年的宦海生涯由此开启。凤翔府位于北宋的西北边陲，与西夏接壤，军事地位远非一般州郡可以比拟。在这里，苏轼的职务是签判，主要负责掌管和处理衙门的日常公文。这是苏轼人生中的第一份工作，他自然格外重视。在做好本职工作之外，苏轼还花了大量时间走访当地百姓，了解真实情况。

没想到，还真被苏轼找出了问题。问题的来源便是"衙前之役"制度，顾名思义，就是官府征召老百姓去给衙门干活儿，但这些活儿可一点儿都不轻松，大多都是看管仓库、运输公物等出力不讨好的力气活儿。如果光出力也就算了，老百姓服役的风险还特别大，如果负责看管或运送的货物损坏、丢失，他们还要照价赔偿，即便是富户也遭不住这样的折腾，许多人都被迫散尽家财。

苏轼所在的凤翔府，受这项不合理制度的伤害尤为严重。老百姓每年都要去终南山伐木，做成木筏，沿着渭水放入黄河，一路经过许多险峻之地，最终要运到京城开封才算完成任务。但令苏轼没想到的是，当地的一些官员丝毫不体谅老百姓的难处，甚至为了按时交差，竟然强迫老百姓在黄河汛期时运送货物，许多人因此而白白送了命。

既然有问题，老百姓也苦不堪言，那就要改变现状。苏轼经过慎重思考，调整了服役规定，使服役的老百姓可以根据水情自行决定运送时间。此举一出，凤翔府的"衙前之害"得以缓解，损失相较之前也大大减少。

苏轼刚一上任，就解决了一件困扰老百姓许久的难题，他也因此而倍感欣慰。可没过多久，他就发现事情远没有这么简单，"衙前之役"带来的危害比他想象的可怕百倍。许多良民因服役时"办事不力"而入狱，朝廷之前已经就此事而下了诏书，要求赦（shè）免这些人员。凤翔府负责此事的官员却阳奉阴违，他们把人放了，却不免除债务，随后为了要钱，又把人抓了回去，对其严刑拷打，有些人甚至被赦免了六七次还被关在牢里。更可恶的是，有些贪官污吏还趁机敲诈勒索，只要给够好处，他们就立马免除债务。长此以往，就造成这样一种局面：淳朴善良的穷苦百姓忍受牢狱之苦，恶意欠债之人却逍遥法外。

得知了真相，苏轼既愤怒又无奈，他连忙给远在京城的蔡襄写信，反映自己在凤翔府的所见所闻，将老百姓的辛酸和痛苦诉诸笔端。这封充满真情实感的陈情信很快就有了回音，在蔡襄的支持下，苏轼赦免了无辜的百姓，严惩了贪官污吏，这件事也算有了一个完满的结局。

修亭治湖，解民所忧

嘉祐七年（1062年），也就是苏轼到任的第二年，凤翔府遭遇了旱灾。整整一个春天，凤翔府滴雨未下，老百姓种下的庄稼几近枯萎，苏轼和他的上司宋选看在眼里，急在心里。当时人们的认知水平有限，除了祈求神明降雨，别无他法，因此祈雨也是地方父母官的重要职责之一。

领导宋选把这个光荣而艰巨的任务交给了苏轼。按照祈雨流程，要先写一篇祈雨文，这对苏轼来说不是难事，只见他文思泉涌，提笔就写成了《凤翔府太白山祈雨祝文》。写成之后，他就带着文状去了太白山的上清宫。这次祈雨后，没过几天，凤翔府居然下了场小雨，但这场毛毛细雨不足以解决问题，田地依旧干旱。

旱情没有解除，苏轼又要开始想新的办法。这时，有人告诉他，太白山神在唐朝时被封为"神应公"，到了本朝却改封成了"济民侯"，地位相当于降低了，恐怕就是这个原因，惹得神明不高兴了。苏轼赶忙把这一情况汇报给了上司宋选，宋选一听，赶紧让苏轼给朝廷打了一份报告，请求将太白山神恢复到以前的爵位。

上次祈雨效果不佳，宋选这次决定自己亲自祈雨，苏轼陪着他，又一次登上了太白山。他们将晋封的好消息告诉太白山神，又斋戒、沐浴以表诚意。神奇的事发生了，山神仿佛听到了他们的祈求，真的为凤翔府连降了好几天大雨，庄稼恢复了勃勃生机，老百姓无不欢呼雀跃。

久旱逢甘霖，百姓们因此而安居乐业，苏轼十分高兴。恰逢此时，苏轼府邸内的亭子建成，他为了纪念这一场甘霖，就将亭子命名为"喜雨亭"，还写下了著名的散文《喜雨亭记》。

苏轼在凤翔，仿佛有用不完的精力，他每天穿梭于城内城外，四处走访。城东的一处荒废池塘又引起了苏轼的注意，他回去之后就向下属打听情况，下属对他说："那个池塘就是'古饮凤池'，相传周朝时，有凤凰路过岐山，在这里饮水，由此而得名。不过由于年久失修，池里早就没了水，只剩下一池烂泥。"

苏轼刚刚亲历了旱灾，知道老百姓靠天吃饭的苦楚，他想，既然凤翔原来就有池塘，何不将其修治一番，发展为灌溉农田的稳定水源？于是，苏轼利用闲暇时间，亲自考察地形，设计修治方案，组织城中百姓疏通池塘、引活水入池。经过初步整治，饮凤池已经能调节旱涝、造福凤翔百姓。苏轼便将其改名为"东湖"，后又在其中修亭建桥、种莲植柳，东湖的面貌由此焕然一新。

新上司的下马威

不知不觉间，苏轼来凤翔已经一年有余，平时的公务虽说繁忙，倒也十分充实。更加难能可贵的是，直属上司宋选为人和蔼可亲，也很欣赏苏轼的才能。再加上这一年内，苏轼的确小有成就，当地百姓也很喜欢这位从汴梁派过来的年轻官员。初入官场的苏轼，不可谓不幸运。

不过，苏轼的好日子很快就到头了。嘉祐八年（1063 年）刚一开春，宋选就被调走了，取而代之的则是苏轼的眉州老乡陈希亮。与和颜悦色的老上司不同，陈希亮为人刚直，平日里总是不苟言笑，批评起人来更是毫不留情，即使苏轼和他有同乡之谊，也不管用。

陈希亮刚一上任，就给苏轼留下了极为深刻的印象。苏轼性格活泼，人也风趣幽默，所以刚到凤翔没多久，就和同僚、下属们打成一片，因苏轼参加的制科考试科目是"贤良方正能直言极谏科"，大家就给他取了一个"苏贤良"的外号，平日里就这么称呼他。苏轼也从不反驳，只当大家是在打趣他。

令苏轼万万没想到的是，陈希亮会因为这个外号大发雷霆。一日，有个衙役像往常一样，叫了苏轼一声"苏贤良"，陈希亮路过正好听到，他立即厉声呵斥道："区区一个小判官，算哪门子的贤良？"苏轼不禁面露尴尬之色，而那位衙役就更倒霉了，被新知府

狠狠地打了一顿板子。

陈希亮初来乍到给了苏轼一个下马威，这还不算完，接下来的日子里，他不是在苏轼面前摆领导架子，就是当众大声批评他的工作，让苏轼下不来台。因为苏轼的工作就是协助知府处理凤翔府的政事，免不了要和这位脾气古怪的上司接触，苏轼为此感到十分苦恼。有好几次，苏轼找陈希亮商讨公事，陈希亮只说让他等着，这一等就是好长时间，苏轼都等到打瞌睡了，陈希亮才姗姗来迟。

苏轼作为一介书生，当然是选择用笔作武器，将自己的怒气发泄在纸上，他写了一首《客位假寐》，不仅直接在诗题下注明"因谒凤翔府守陈公弼"，更是在诗中讽刺道："岂惟主忘客，今我亦忘吾。"意思就是说，别说是主人忘了客人，我今天坐了这么长时间，总算理解了《庄子》里的南郭子綦（qí），只怕是要感慨"今者吾丧我"了！不仅如此，苏轼最后还补充吐槽了一句："虽无性命忧，且复忍须臾（yú）。"

一路走来，苏轼都顺风顺水，哪里受过这种气！自然不肯屈就陈希亮。在他看来，这位新上司就是和自己过不去，有事没事老找碴儿。于是，在与陈希亮的关系处理上，苏轼能躲着就尽量躲着。没过多久，中秋佳节来临，陈希亮按照规定组织大小官员聚会，只有苏轼既没参加，也没请假。陈希亮也没惯着苏轼，直接向朝廷上书弹劾（hé），苏轼因此受到了罚铜八斤的处分。

陈希亮的另一面

陈希亮知道苏轼对自己不满，也知道苏轼是被朝廷当作未来宰相培养的，但他依旧我行我素，不肯给苏轼一点儿好脸。不过很快，陈希亮就有用得着苏轼的地方了，他在凤翔城内修建的凌虚台建成了，需要一个文采好的人作记。陈希亮想来想去，还是找到了苏轼，苏轼想都没想就答应了。

苏轼允诺得如此爽快，其实是有私心的，一来是因为写文章这事自己擅长；二来则是文章的内容都是自己说了算，可以和上次一样，借机讽刺一下这位烦人的领导，以表达自己的不满。

于是，苏轼挥笔写下了《凌虚台记》。在这篇文章中，他一一列举了历史上秦穆公、汉武帝等人修建的高大建筑，并且说当年那些建筑比这座凌虚台气派百倍，如今不还是变成了一堆堆的断壁残垣。文章结尾，苏轼更是由台及人，暗搓搓地讽刺了一下陈希亮："夫台犹不足恃以长久，而况于人事之得丧，忽往而忽来者欤！而或者欲以夸世而自足，则过矣。"意思就是说，陈知府啊，别看现在你这凌虚台修得高大漂亮，终有一天也会化作历史的尘埃，想用这座台子夸耀你的功绩，并为此而扬扬得意，那你就大错特错喽。

陈希亮看到苏轼的《凌虚台记》，非但没有生气，反而大加赞赏，他下令让能工巧匠刻在碑上，并将其立在凌虚台上。苏轼纳闷了，不知道陈知府这葫芦里到底卖的什么药。陈希亮这时才对苏轼说了实话："子瞻（zhān），咱们两家祖上有亲，论辈分，你老爹苏洵是我的子辈，你算是我的孙辈。我之前处处打击你，是怕你因年少成名而骄傲自满呐！"

陈希亮虽是一片苦心，但年轻气盛的苏轼并不能完全理解，等到他因乌台诗案而被贬黄州时，他才知道陈希亮是为自己好。所以在黄州，当陈希亮之子陈慥（zào）请求苏轼为其父作传时，苏轼马上就答应了，并且还在传中表达了自己的忏悔。

读故事·学知识

罚铜

《尚书·吕刑》中有："五刑不简，正于五罚。"意思是说达不到五种罪刑标准的，可以用罚铜赎罪。"五罚"即是对应的罚铜等级。宋代罚铜有十八个等级，官员和平民都可以此抵罪。那为什么是"罚铜"，而不是直接"罚钱"或"罚金"呢？"罚钱"主要用于经济方面的犯罪；而"罚金"呢，又不现实，宋代金、银矿产有限，铸币多用铜或铁，所以便以铜代金了。

惠州一绝

罗浮山下四时春，卢橘杨梅次第新。

日啖荔枝三百颗，不辞长作岭南人。

这首诗是苏轼被贬惠州时所作的一首七言绝句，题下有两首，此为其一。作者借赞美岭南荔枝表达对此地的热爱与留恋，丝毫看不出被贬谪的失落和苦闷。

罗浮山：在今广东东江。啖（dàn）：吃。

观 潮

庐山烟雨浙江潮，未至千般恨不消。

到得还来别无事，庐山烟雨浙江潮。

　　这是苏轼创作的一首颇有禅意和哲理的诗，该诗写庐山的烟雨和浙江的潮汐，在没见到之前，十分向往，心中总觉万般遗憾，可一旦看过之后，就觉得不过如此。

　　浙江潮：指钱塘江潮汐。恨：遗憾。

四

父丧

不平静的凤翔府

嘉祐八年三月，宋仁宗驾崩，举国上下无不哀恸（tòng）。皇陵的修建因此而提上日程，宰相韩琦被临时任命为"山陵使"，负责仁宗皇帝的丧葬事宜。修建皇陵，工程量巨大，光木材的耗费就要数以万计，而凤翔府管辖区域内的终南山森林密布，韩琦就把运输木材的任务交给了还在凤翔府任职的苏轼。

等苏轼接手之后，才意识到这个任务十分棘手。往年运输木材，都是将其做成木筏，投到渭水中，木筏再由渭水漂入黄河，最后漂流而下到达东京。可这年关中大旱，渭水也干涸（hé）了，这个办法根本行不通，苏轼只能加大人力物力的投入，以求尽快完成任务。

每当苏轼看到百姓们用血肉之躯扛着木材前进、累得气喘吁吁的样子时，就会感到无比愧疚。为了给老百姓减轻负担，苏轼给负责人韩琦写了一份报告，向其说明情况，并恳求削减凤翔府的树木征用数量。

这件事可谓是劳心劳力，折腾了将近半年，终于告一段落。可没过多久安生日子，边境又不安宁了。治平元年（1064年），已经和大宋停战二十多年的西夏举兵入侵，前线战事吃紧，后勤保障工作更得做好，凤翔府又承担起了运输粮草的重任，苏轼为此没少操心，整日寝食难安。

在运送粮草的路上，无数百姓因战争而流离失所，哭声震天，这给苏轼的内心带来了极大的震撼。而更令他感到难受的是，他人微言轻，对此也无可奈何。就这样，苏轼在忙碌和自责中度过了在凤翔任职的最后一年。同年十二月，苏轼踏上了返回汴梁的路。

凤翔签判是苏轼入仕的起点，也是他第一次以官员身份深入大宋王朝基层、了解普通老百姓的真实生活。经过三年的历练，苏轼不再是那个只会写文章空谈变革的青年儒生，他的政治主张变得更加务实。

至亲至爱离世

从凤翔出发十几天后，苏轼于治平二年（1065 年）正月到达京城，他们一家终于再次团聚，整个苏家都沉浸在欢聚的喜悦当中。没过几天，朝廷给苏轼的委任状也下来了，他被任命为登闻鼓院判官。

即位不久的宋英宗对苏轼早有耳闻，就等着他凤翔任满回京之后加以重用。一开始，宋英宗看中了苏轼的好文采，便想让他给自己起草诏令，于是就打算将他安排到翰林院，担任知制诰一职。一向对苏轼青睐有加的宰相韩琦却唱反调，对英宗说："苏轼将来必成大器，到时候肯定会为天下所用。这样的人才，陛下要把他放在朝

廷中慢慢培养、积累资历，这样天下人才能心服口服。可如今，您一声招呼都不打，直接重用他，恐怕不能让天下人信服，最终只会拖累了他。"

宋英宗转念一想，韩大相公此话在理，便问道："既然知制诰不行，那么暂时让苏轼担任修注怎么样？"韩琦再一次反驳说："修注和知制诰职务分量差不多，千万不能草率决定。可以先让苏轼在馆阁中贴职，然后让他参加考试，那时候再提拔他也不算晚。"

消息很快就传了出来，欧阳修明白韩琦的一片苦心，但他怕苏轼误会，于是特地登门向苏轼解释这件事的来龙去脉。此时的苏轼早已不是初入官场的愣头青，怎能不知道这是前辈对自己的关怀与爱护，于是对欧阳修说："老师，我明白韩大相公的意思，这就是古人所说的'君子爱人以德'啊！"

到了二月，苏轼又一次坐到了考场上。毫无悬念，这次他写的两篇文章再次惊艳了考官，最终被评为三等。苏轼由此进入馆阁，任直史馆，负责编修国史。北宋以文治国，馆阁是所有文人向往的荣誉殿堂，此时的苏轼还不满三十岁，前途可以说是一片光明。

但历史总是惊人的相似。八年前，苏轼的母亲程夫人没能等到儿子们高中进士的消息传回眉山，就撒手人寰（huán）；如今，在苏轼平步青云之际，又一次经历了亲人离世的痛苦。

治平二年五月，苏轼的发妻王弗突发疾病，不久之后就离开了人世。王弗是至和元年（1054年）嫁给苏轼的，时年十六岁。他们的儿子苏迈，是嘉祐四年出生的。她很关心苏轼，当苏轼还在凤翔

做签判时，每次外出办事回来，王弗总会详细询问苏轼当天见了哪些人、做了什么事。她知道丈夫本性善良单纯，又初入仕途，难免会吃亏，于是便总是叮嘱苏轼要处处小心。

妻子的离世，无疑给苏轼带来了巨大的伤痛，可还没等苏轼从这份伤痛中缓过神来，又有一个至亲之人离他而去。治平三年（1066 年）四月，苏轼的父亲苏洵在京中与世长辞。一年之内接连失去两位亲人，苏轼此时的心情也跌落到了谷底。

苏轼强忍悲痛，同弟弟一起操办起了父亲的丧事。苏洵虽然没当什么官，但他素有文名，在文坛中有很高的地位，所以京中许多文人都曾与他交好。当他们听说苏洵去世的消息后，纷纷前来吊唁，韩琦与欧阳修更是送来数百两银钱，供苏轼、苏辙用作丧葬花费。不过，兄弟俩最终还是谢绝了二位前辈的好意。

苏洵一生科考仕途坎坷，直到生命临近终点，经韩琦推荐，才成为秘书省校书郎、霸州文安县主簿，参与了欧阳修主持编撰的礼典《太常因革礼》。宋英宗听说苏洵病逝的消息后，也十分惋惜，特下令追赠苏洵为光禄寺丞，还派船护送老苏的灵柩（jiù）返回眉山。

六月，兄弟俩一切安排妥当，又一次离开京城，向着眉山出发了。此时的苏轼不会想到，这次回乡安葬父亲，将是他最后一次踏上故乡的土地。

老苏的年少往事

在苏轼的故乡眉山，有这样一句童谣："眉山出三苏，草木尽皆枯。"意思是说，苏家三父子的才华惊为天人，能有一个已是凤毛麟角，苏家却一下子出了三个，当地人就怀疑眉山整片土地的钟灵毓（yù）秀都被他们用尽了，就连草木都枯萎了。

这句童谣虽然说得夸张，但苏家父子出类拔萃的才华却是真实的。作为父亲的苏洵，别看他在后世名列"唐宋八大家"之一，又培养出两个如此优秀的儿子，年轻时却是个不折不扣的叛逆青年。

少年苏洵，除了读书学习，对什么都感兴趣。他的父亲苏序专门为儿子们请来教书先生，两个哥哥上课时总是正襟危坐、认真听讲，苏洵却烦透了那些枯燥的声律和无聊的句读，便逃课出去游山玩水。而苏序对这个小儿子似乎特别纵容，不但从不过问学习，还给予他充分的理解和支持。

久而久之，十里八村的乡亲们都知道苏家有个不争气的小儿子，说他年纪轻轻却整天不干正事，还给他起了一个"浪荡子"的外号。许多家长在教育孩子时甚至把苏洵当作反面教材，不让自家孩子和他多接触，生怕被这个纨（wán）绔（kù）子弟带坏。

苏家族老实在看不下去，就劝苏序好好管管顽皮的小儿子。苏序只是笑笑，十分淡定地说："我从来就不担心我的孩子不学习。"

其实，苏老爹的言下之意是，我的儿子就没有不读书学习的，只是时间早晚的问题啊！

天圣五年（1027 年），苏洵第一次参加科举考试，结果却并不如意。考场失意的苏洵回到家乡，在父母的安排下完成了婚姻大事，与当地巨富程家的女儿成了亲。婚后的苏洵，日子依旧过得潇洒自在，整日醉心山水，外出游历，每年待在家里的时间更是屈指可数。

"二苏"成名的推手

老苏之前虽与儿子们待在一起的时间不算太多，但从他写给儿子们的《名二子说》中可以看出，他对两个孩子的脾气秉性摸得很透彻，同时，也饱含了一个父亲对儿子的期望与祝福。

"轼"是车厢前面用作扶手的横木，显示出苏轼张扬的性格，但苏洵也担心他锋芒太露以致招来横祸，所以为他取字"子瞻"，就是希望他说话做事时能够多想想多看看。"辙"指车轮碾过留下的痕迹，因是车外之物，既无车之功，也无翻车之祸，与苏辙平和深沉的个性相符合，苏洵知道以儿子谨小慎微的性格，日后必不会招来祸患；但老苏也明白，这种活法实在太累，因此给苏辙取字为"子由"，希望他能够活得更加自由洒脱。

只可惜，苏轼虽明白父亲的一片苦心，但始终改不了心直口快、畅所欲言的性格，所以总是"一肚子不合时宜"。也正是因为这样，苏轼的仕途才如此坎坷，以至于最终被贬谪（zhé）到天涯海角。

当然，这些都是后话了，还是再说回苏轼的父亲苏洵吧。归家之后，老苏将两个儿子视作自己生活的全部，在教育孩子这件事上，可谓是尽心尽力。在老苏的严格要求下，苏轼、苏辙兄弟勤学苦读，早早地就将那些厚厚的儒家经典内化于心。在这之后，苏洵又将自己的看家本领——作文，传授给了他们。

老苏和文坛领袖欧阳修一样，对当时流行的浮靡文风深恶痛绝，他时常告诫孩子们，写文章要有真知灼见，既能切中时弊，又要解决实际问题。所以，老苏为孩子们学习写作而挑选的范文十分讲究，古有先秦两汉之文，近有"韩柳"和欧阳修的文章。苏轼、苏辙兄弟自小学习这样的文章，又有足够深厚的知识储备，更何况，嘉祐二年的进士考试由力图革新文坛的欧阳修坐镇，他们科考之路又怎能不一帆风顺？

在教导儿子读书学习的日子里，老苏虽再也没有出门远游，但这并不意味着他断绝了与外界的一切联系，他仍时常留意眉山之外的世界。至和元年（1054 年），雷简夫出任雅州知府。苏洵早就听说雷简夫在文学上颇有造诣，又能礼贤下士，于是在嘉祐元年也就是进京的前一年，老苏带着两个儿子前往雅州拜访。这次会面，苏洵将自己多年来苦心创作的文章拿给雷简夫看，雷简夫认真阅读后，不禁拍案叫绝，还给予了老苏极高的评价。

雷简夫将父子三人留在府上，与老苏畅谈古今得失，结果二人越聊越投机。当雷简夫得知苏洵屡试不中的人生经历时，心想，此等"天下奇才"竟然不能为朝廷所用，真是太可惜了！于是，雷简夫当机立断，做了一个十分大胆的决定——给朝中有地位的官员写信举荐苏洵。

雷简夫先后给韩琦、张方平、欧阳修三人写了推荐信。他在这三封信中盛赞苏洵的才华，认为苏洵的文采可以比肩司马迁和尹师鲁，更重要的是，苏洵还是难得的王佐之才。自此，老苏在各位政坛大佬那里留下了姓名。嘉祐二年，父子三人第一次进京，欧阳修、韩琦等人亲眼见到老苏其人、其文，才知道雷简夫和张方平所言不假。虎父无犬子，苏轼、苏辙兄弟在那一年科考中大放异彩，双双高中进士，"三苏"由此闻名天下，成为彼时汴梁城内的风云人物，韩琦、欧阳修等老前辈也对这兄弟二人青眼有加。

老苏审时度（duó）势，敏锐地察觉到了文坛风向的转变，将自己作文的章法和风格毫无保留地传给两个儿子，同时，他也时刻在为兄弟俩的前程而经营谋划。苏轼、苏辙兄弟固然天资聪颖，如若没有老苏的助力，恐怕也无法在初入京城之时引起那么大的轰动，更不要说成为一众政坛前辈的座上宾了。

翰林院

唐初置，本为文学、艺术、技术等内廷供奉之处，以陪侍皇帝游宴娱乐为务，并非正式官署。晚唐之后，翰林学士院成为专门起草重要诏制的地方。宋朝后成为正式官职，总领天文、书艺、图画、医官四局。各朝代中，翰林院都是精英会集之地。比如，唐代李白、杜甫、白居易，宋代苏轼、欧阳修、王安石、司马光，明代张居正，清代曾国藩、李鸿章等，皆是翰林中人。

青眼有加

青眼，即双目正视，眼球黑色多。相对的是白眼，即双目斜视，眼球白色多。现在人们常用"青眼有加"表示对某人的赞赏和喜爱。

出自唐代房玄龄的《晋书·阮籍传》："及嵇喜来吊，籍作白眼，喜不怿而退。喜弟康闻之，乃赍酒挟琴造焉，籍大悦，乃见青眼。"讲的是阮籍母亲病故，嵇康的哥哥嵇喜前去吊唁，阮籍以白眼相待。嵇喜回家后向弟弟说起自己遭受冷遇，嵇康带上酒和琴前去吊唁，阮籍见了，十分喜悦，便以青眼相待。

海棠

东风袅袅泛崇光，香雾空蒙月转廊。
只恐夜深花睡去，故烧高烛照红妆。

这首绝句写于苏轼被贬黄州（今湖北黄冈）期间，描写的是与友人赏花的情景。题为"海棠"，诗中却不见"海棠"，前两句写环境，后两句写心事，此为曲笔。

袅袅：微风吹拂的样子。崇光：此处指春光。

五

东京官告院生涯

大宋王朝的弊病

后人将北宋王朝的弊病概括为"冗（rǒng）官、冗兵、冗费"，这三个问题与北宋的政治制度密不可分，最早可以追溯到立国之初。宋太祖赵匡胤（yìn）本是后周将领，通过陈桥兵变才坐上了皇位，后来更是如"开挂"一般，一路南征北战，结束了<u>五代十国</u>的混乱局面，创立了大宋王朝。

经历过群雄争霸的乱世，自己又是通过篡权夺得的天下，赵匡胤明白手中的权力随时可能易主，所以他总是患得患失，生怕手下也像自己当初那样黄袍加身，把自己给取代了。于是，赵匡胤在好助手赵普的建议下，专门给朝中武将摆了一场"鸿门宴"，在他的威逼利诱下，那些跟随他南征北战的武将纷纷称病辞官、告老还乡。

宋太祖不费吹灰之力就掌握了军队大权，并为新生的政权定下了"崇文抑武"的基本国策。但此时的大宋王朝刚刚建立，尚不稳固，北方的少数民族政权又虎视眈（dān）眈，宋太祖还是保留了大量的军队，构建起了庞大的军事体系。此外，为了防止武将专权，他又实行了"更戍（shù）法"，也就是定期更换士兵的戍地。长此以往，北宋军队形成了"兵无常帅，帅无常师"的奇特现象。

宋太祖为稳固政权而进行的一系列改革，虽然使权力牢牢地掌握在了皇帝的手中，杜绝了武将拥兵自重的可能，但从长期来看，相当于自废武功，养了一批吃军饷却毫无战斗力的军队。所以每当辽和西夏举兵入侵边境时，宋军总是一打就散，久而久之，求和派就占了绝大多数。整个国家，从中央到地方都对北方边境问题既不甘心却又无可奈何。

经过了几代皇帝的经营，宋朝的官员数量越来越多，士兵队伍越来越庞大，朝廷光给这些人发工资就已经用去了大部分的财政开支，更不要说还有为了维持边境和平向北方少数民族政权缴纳的大量岁币。即使巧立各种名目收取苛捐杂税，搜刮民脂民膏，北宋朝廷的国库还是日渐空虚，国家财政入不敷出。

北宋的皇帝对这些情况当然心知肚明，其中也不乏一些想要变革的英明君主。宋仁宗执政早期就曾启用范仲淹搞了"庆历新政"，无奈反对派声势过大，新政仅维持了不到一年半就以失败而告终，北宋王朝又投入了"祖宗之法"的怀抱。

眼看着朝廷危机四伏，朝廷中的有识之士坐不住了，又开始呼吁变革，王安石便是其中一位。嘉祐三年（1058 年），王安石进京述职，他将自己的变革主张写成奏章，给仁宗皇帝呈了上去。此时宋仁宗年事已高，又经历了"庆历新政"的失败，年轻时锐意变革的热情和勇气早已消磨殆尽，自然没有理会王安石那些激进的变革主张。

从那以后，王安石就知道自己在短时间内无法将一系列改革措施变成现实，也就远离了汴梁，常年在外做官，直至遇到他的伯乐宋神宗。

变革之潮，风起云涌

苏轼、苏辙在家为父亲守孝的日子里，远在千里之外的东京城发生了巨变。治平四年（1067 年），那位十分欣赏苏轼的宋英宗病逝于福宁殿，年仅十九岁的太子赵顼（xū）强忍悲痛，登上了皇位。

宋神宗虽年轻，但对国家存在的弊病一直有着清醒的认识，也有志于改变现状。如今他掌握了国家的最高权力，自然是摩拳擦掌，打算大干一场的。熙宁二年（1069 年），宋神宗任命王安石为参知政事，让他全权负责变法之事。在神宗皇帝的支持下，王安石的新法在全国轰轰烈烈地推广开来。

苏轼在熙宁元年（1068 年）续娶王润之为妻，她是王弗的堂妹，于熙宁五年（1072 年）生下了苏轼的幼子苏过。另外，熙宁三年（1070 年）苏轼的次子苏迨（dài）出生。守孝三年期满后，苏轼、苏辙兄弟启程返京，次年二月，苏轼任殿中丞直史馆、判官告院。

早在制科考试时期，苏轼在文章中就表达出要变革的态度，但他所期望的改革是温和的、是能够减轻老百姓负担的。所以当苏轼看到疾风骤雨般的新法施行开来之时，心中是有所不满的。尤其是当他得知新法为充盈国库而频繁打扰本就不富裕的老百姓时，他就加入了反对新法的行列，只不过他一直没有公开表态。

苏轼和王安石最先产生矛盾的地方是科举制度改革。北宋的进士考试将诗赋作为考试内容，王安石自己就是进士出身，诗也写得很好，但他对这种选拔人才的方式颇为不满。在他看来，朝廷设置的以诗赋取士的科举制度是华而不实的，国家需要的是明事理、有能力的政治家，而不是整日吟诗作赋的文人才子。因此王安石上书神宗皇帝，希望改革科举，以经义策论取代诗赋选拔人才，不仅如此，他还想将自己编纂的《三经新义》作为经义策论取士的官方唯一指定教科书。

熙宁二年五月，宋神宗就此事征求朝中大臣的意见，苏轼写了《议学校贡举状》给皇帝呈了上去。苏轼在文中明确表示对废除诗赋取士的反对，他给出的理由十分简单，一个人的政治才能不是靠科举考试的几篇文章就能看出来的，需要经过锻炼才能获得。诗赋也好，经义也罢，都是在考查士子们写文章的能力，而诗赋好歹还有客观的评判标准，经义策论纯粹就是看主考官的喜好，如果文章都按照同一种思想模板来写的话，文章乃至文学的创造力终将会荡然无存。

宋神宗看过苏轼的文章之后，十分激动地说："我对这些改革措施虽有疑惑，但一直不知道问题出在哪儿，听苏轼这么一说，我就全明白了！"于是神宗立马召见了苏轼，和他谈论新政得失。苏轼也是个耿直的人，直接对神宗说："我觉得陛下心太急了，听到的各种建议太多了，提拔人才太快了。希望陛下能够静下心来，让事物自己发展，然后再根据实际情况采取相应的措施。"宋神宗听了苏轼的话，当即就表示："你的话，我会考虑的。"皇帝召苏轼议论朝

政时，王安石就在旁边，他听了苏轼的一席话之后，立刻就明白了苏轼和自己不是一路人，不由得面露不悦。

如果说王安石此时对苏轼只是没有好感，那么接下来发生的事直接就使得他把苏轼拉入了"黑名单"。熙宁二年七月，苏轼担任国子监考官。他见王安石鼓励宋神宗独断专任，于是借这个出题机会好好讽刺了一把，他出的题是这样的："晋武帝攻打东吴因为独断而取得胜利，苻坚讨伐晋国却因独断而灭亡；齐桓公专信管仲，最终称霸，而燕王哙（kuài）专任子之，却差点亡国。为什么这些事情相似，结果却不同？"王安石看见这道意有所指的试题时，怎能不知道苏轼说的就是自己，一时间怒火中烧。

不过，王安石还是有些忌惮（dàn）苏轼的，他知道文章就是苏轼的利器，如果他总是写奏章说自己和新法的不是，神宗难免会被他影响。为了杜绝这种情况发生，王安石想了一个妙招，他说服神宗任命苏轼做开封府推官，用繁多的公事把苏轼缠住，案牍（dú）劳形，让他没有多余的时间和精力对新政说三道四。

朝堂之上，针锋相对

王安石显然低估了苏轼，苏轼不仅将开封府的案子处理得井井有条，而且还时不时地写文章议论朝廷的大小事，利用一切机会发声，表达自己对于新法的态度。

熙宁二年年底，宋神宗令开封府压价采购浙灯，苏轼得知此事后，赶忙写了一篇《谏买浙灯状》呈给了神宗。苏轼在这篇奏章中说："这些灯不过是讨两宫太后的欢心罢了。可老百姓就不一样了，他们辛苦忙活一年，就指望着这些灯谋生，陛下为了满足皇家的耳目之欲而侵占民众应得之利，恐怕有所不妥。这件事情虽小，可它带来的影响是恶劣的。"宋神宗把苏轼的肺腑之言听进去了，采纳了他的建议，最终收回了命令。或许是这件事给了苏轼莫大的鼓舞，他乘胜追击，呈上了一篇万言书，把新法一顿痛批。不过这时宋神宗和王安石君臣一心，根本没有理会苏轼。

王安石变法，是对北宋各方面制度的一次颠覆，惹来的争议极大。熙宁三年刚一开春，也就是新法推行一年后，朝中对王安石其人、其政的抨击和谩（màn）骂铺天盖地而来，年轻时参加过庆历新政的韩琦、富弼、欧阳修等人竟也变得保守起来，全都站到了新法的对立面，纷纷上书向宋神宗说明新政之害。但此时的宋神宗革除积弊的决心极大，再加上他又十分信任王安石，反对派的话丝毫不起作用，当时的政坛元老曾公亮就曾说："皇帝和王安石就像一个人似的。"

苏轼可不管这些，他见宋神宗还是坚定地支持王安石，又在三月写了一篇《再上皇帝书》。这次，苏轼不仅将青苗、免役、均输等新法贬低得一无是处，而且还对王安石进行了激烈的人身攻击，说他是小人，还将其比作魏晋时期结党营私的奸臣贾充。

这年三月，三年一度的进士科开考，宋神宗最终还是接受了王

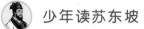

安石的建议，将试诗赋改为了试策论。由此可见，宋神宗压根儿就没把苏轼的话放在心上，虽然嘴上答应得好好的，但扭头就给忘得一干二净。更扎心的是，宋神宗还让苏轼担任这场考试的编排官，负责为考生排定名次。

在这次参加考试的考生中，有个叫叶祖洽的在策论中写道："我朝几位先帝治理国家大多草率简陋，自从陛下即位之后，才有意革新。"明确表示自己支持变法。苏轼和另一位编排官李大临觉得他刻意迎合宋神宗和掌权者，就给了他第二名。

但叶祖洽的这篇文章正中变法派二号人物吕惠卿的下怀，吕惠卿没有和苏轼商量，就将叶祖洽排到了榜首。苏轼得知这件事后，无奈地说："叶祖洽为了讨好神宗，竟然这样诋毁祖宗之法，如果这种谄（chǎn）媚之人都成了状元，以后整个朝廷的风气就要坏掉了。"

苏轼化悲愤为创作动力，默默地拿起自己的笔，拟写了一篇进士策论给宋神宗交了上去，文章再次将矛头对准王安石和新法，言论之大胆，放眼整个朝堂都找不出第二个人。宋神宗把苏轼这篇文章拿给王安石看，王安石愤愤地说："苏轼的确有才华，但他学术不正，如今没有按照他的想法来做事，他的言论竟然这么没规矩，对圣上一点儿尊重都没有。"

苏轼三番五次的"挑衅"，终于激怒了王安石。这位"拗（niù）相公"手中握着的，可是实实在在的权力，只需轻轻一动，就能让苏轼付出惨痛的代价。这年八月，在王安石的指使下，御史谢景温率先

对苏轼发起了攻击，弹劾苏轼、苏辙兄弟在护送老苏灵柩返乡时，夹带私货、倒卖私盐，朝廷随即派人彻查此事。

大张旗鼓的调查，即便是无中生有，也让苏轼有口难辩，闲言碎语很快就传到了皇帝那里，苏轼在宋神宗心中的形象一落千丈，宋神宗甚至对为苏轼辩解的司马光说："苏轼品行不端，你过去看错人了！"此时的苏轼知道，汴梁的官场已经没有自己的容身之处了，于是便在熙宁四年（1071年）六月自请离京，到杭州做通判去了。

政治之外，相爱相杀

王安石和苏轼都是才高八斗之人，虽然二人于熙宁年间因政见相左而在朝堂上针尖对麦芒，但私下里，他们两个人还是惺惺相惜的，颇有点儿相爱相杀的意味。在北宋那样的文化盛世中，每个能留名于后世的人必然在多个领域中都有所建树，苏轼是这样的，王安石亦然。

我们今天所熟知的王安石，除了是个有着超前眼光的政治家和改革家，还是文章能和"三苏"相媲美的"唐宋八大家"之一。但鲜为人知的是，王安石做起学问来，同样不可小觑（qù）。宋神宗即位的熙宁元年，王安石奉诏入翰林院，负责起草诏书，同时还修撰了整整三十卷的《英宗实录》。苏轼读了之后，也不由得佩服王安石学问之深厚，他对刘羲仲说："这本书言语精练，事情完备，风格古朴，意思明白，称其为我朝史书之冠一点儿都不为过。"

苏轼对于王安石的学问，也不全是称赞。等到王安石主持变法，推行自己的《字说》时，苏轼觉得他解字穿凿附会，便总是找机会打趣他。有一次，苏轼在直史馆碰到了王安石，便开口问他："牛比鹿强壮，鹿比牛跑得快，那为什么'犇（bēn）''麤（cū）'意思却相反呢？"王安石一时间被苏轼问得呆在原地，不知该如何回答。

苏轼好像是专门要给王安石这本书挑错似的，没过几天，他又当着王安石的面戏谑（xuè）道："竹鞭和马加起来是笃，不知道竹鞭犬有什么好笑的！"他又问王安石"坡"是什么意思，王安石答曰："'坡'是土的皮。"苏轼脑筋一转，反问道："照您这么说，'滑'就是水的骨头喽？"王安石又被这个机灵的年轻人问得哑口无言。

苏轼见王安石不说话，又发起了新一轮的攻击："按照您写的《字说》，'鸠'字就应该从九鸟，我还能找出依据。《诗》记载：'鸤鸠在桑，其子七兮。'雏鸟七只，加上爷娘，正好九个！"王安石默默听着，以为苏轼改变了想法，赞同了自己的学说，等他回家之后再回味苏轼之言，才反应过来苏轼是在拿他开涮。

五代十国

此称谓出自宋欧阳修的《新五代史》，是对五代与十国的合称。

五代是指唐朝灭亡后依次定都于中原地区的五个政权，即后梁、后唐、后晋、后汉和后周。除此之外，还相继存在过一些地方割据政权，即前蜀、后蜀、南吴（杨吴）、南唐、吴越、闽国、南楚（马楚）、南汉、南平（荆南）、北汉，统称为十国。

东栏梨花

梨花淡白柳深青，柳絮飞时花满城。
惆怅东栏一株雪，人生看得几清明。

这首诗写于宋神宗熙宁十年（1077 年），此时苏东坡四十一岁，经历了政治失意、亲人离世，带着淡淡的惆怅，到徐州（今属江苏）赴任。诗人看到梨花盛开，感叹春光易逝，人生短促，所以更要珍惜美好的时光。

柳深青：指春意浓。雪：这里喻指梨花。

六

悠闲的杭城

赴杭途中的短暂相聚

熙宁初年，变法之潮呼啸而来，整个朝堂围绕变法吵得沸反盈天。此时的苏轼不仅积极上书反对新法，甚至和朋友们私下聚会时也总会讥讽几句。对于苏轼的危险发言，好友文同十分担心，生怕他遭人暗算。于是文同经常苦口婆心地劝诫苏轼，可苏轼听过就忘，依旧我行我素。

文同的担心不是没有道理的，苏轼的文章写得太好，言论极具感染力，这让以王安石为首的变法派颇为苦恼，一心想把他排挤出京城。在权力的运作下，这场斗争并没有持续多长时间，最终就以苏轼自请离京外任而草草收场。天之骄子苏轼遭遇了入仕以来的第一次重大打击，此时的他还不知道，这只是自己坎坷人生的小小开端。

宋神宗本来打算安排苏轼到地方上做知州的，也就是地方一把手，不料批出的奏折被中书省驳回了，并为苏轼拟定了颍（yǐng）州通判的职务。在北宋，通判是地方州郡的副职，负责地方上的粮运、水利和诉讼等诸多事宜，职务没有知州大。奏折又传回了宋神宗手里，他觉得去颍州做通判有点儿委屈苏轼，于是便给他换到了当时南方最好的城市——杭州。

这件事来来回回折腾了好长时间，直到熙宁四年六月才尘埃落定，苏轼因此在京城滞留了将近一年。在启程南下之前，文同前来送行，他知道苏轼性格太过直率，心里有什么想法总要说出来才痛快，便写诗劝告："北客若来休问事，西湖虽好莫吟诗。"但苏轼天性如此，不管别人如何好言相劝，依然改不掉自己的这些"毛病"，他日后遭遇的祸患也正因此而起。

从开封城出来，苏轼并没有直接赴任，而是应弟弟苏辙邀约去了陈州。和苏轼一样，苏辙也是因为反对新法而于熙宁三年离京外任，但苏辙就没有那么好的运气了，他在陈州任州学教授一职，是个清贫的闲差，本来收入就少，再加上还有好几个嗷嗷待哺的孩子，苏辙一家的日子过得很是困窘（jiǒng）。

哥哥的到来，算是苏辙失意人生中的一点儿安慰。兄弟二人在陈州一起泛舟游湖，吟诗唱和，安慰彼此内心的苦楚，度过了一段悠闲自在的时光。这次亲人团聚的背后，是"同是天涯沦落人"的苦涩与无奈。在苏辙的盛情挽留下，苏轼在陈州度过中秋佳节之后才重新启程，他还在弟弟的陪同下，到颍州拜见了恩师欧阳修，过扬州与朋友们相会，直到十一月底才抵达杭州。

苏轼的杭州"粉丝团"

苏轼年少时名动京城，又有源源不断的好文章产出，所以三十多岁的他早已成为北宋的"全民偶像"。

初到杭州的苏轼，就感受到了来自"粉丝"们的热情。在杭州当差的官吏们老早就听说苏轼要来，个个都激动不已，想要一睹偶像的风采。所以在苏轼到任之后，他们每天组织宴席酒会，还非要拉着苏轼参加。苏轼不想扫主人的雅兴，但无奈酒量实在太差，时间长了，疲于应酬，连连称杭州为"酒食地狱"。

苏轼任杭州通判的消息很快就传遍了杭州城的大街小巷，就连隐居多年的世外高人也想和他结交。其中有位隐士名叫李颀（qí），字粹老，少年曾高中进士却辞官不就，从此便开始了游山玩水的逍遥生活。他晚年尤其喜欢吴中山水，于是就在杭州停下脚步，隐居于大涤（dí）洞天。

为了和苏轼见面，李颀别出心裁，把春山图画在绢布上，并在画后附了一首小诗，却没有留下姓名，他又委托一名樵夫把这幅画卷交给苏轼。樵夫找准时机，趁苏轼外出时把画塞给了他。苏轼展开一看，只见春山图画工精妙，心中不免困惑，于是便问樵夫："是谁让你给我这个的？"樵夫摇了摇头，道明了来龙去脉："小人今天早上挑着柴火来城里卖钱，路上碰见一个道人，他给了我一吊钱，让我在苏大人家门口守着，还让我看见您出来就把这个交给您，但小人真的不知道他是谁啊。"

苏轼听了樵夫的话，十分震惊，于是就向身边的朋友们说起此事，打听了一圈才知道是李颀。过了好几个月，苏轼偶然间在西湖附近的僧房内碰见了李颀，两人一见如故，相谈甚欢。苏轼因此多了一个知心好友，从此之后，二人就经常结伴出游、谈诗论道。

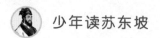

苏轼的魅力远不止如此，当时杭州城内的许多闺阁女子都是他的"才华粉"。苏轼在杭州广交好友，认识了陈直方，陈直方新娶的小妾仰慕苏轼才名已久，一听说自家相公认识苏轼，便想着近水楼台先得月，求苏轼填词。苏轼也不推脱，提笔一挥就为她写了一首《江神子》，苏轼在词中不仅夸赞了这位女子的美貌与才情，还化用当地民歌，宽慰劝解了刚刚成为鳏（guān）夫的陈直方。

有着惊为天人的才华，还不恃才傲物，这样的苏轼，怎能不令人喜爱？甚至连朋友家几岁的小女孩都很喜欢这个经常来家里做客的叔叔，还拿着领巾和裙带请苏轼在上面作诗。

从此与西湖结缘

柳永的一首《望海潮》，写尽了杭州城的美景与繁华，正所谓"东南形胜，三吴都会，钱塘自古繁华"。苏轼虽是因为与当权者政见不和而自请外任，但他能被外派到号称"东南第一州"的杭州，也算是神宗皇帝的格外恩赐了。

苏轼带着失意与不甘来到杭州，但很快他就被杭州城的秀美风光所吸引，暂时忘记了烦恼，融入了这座城市。苏轼曾写过许多诗表达自己对杭州的独特情感，他说："前生我已到杭州，到处长如到旧游。"

在杭州众多名胜中，苏轼最喜欢的还是西湖。在通判杭州期间，苏轼多次游览西湖，写下了许多脍（kuài）炙（zhì）人口的诗篇，记录下了西湖的千姿百态。在苏轼的笔下，西湖具有了生命和灵魂，《饮湖上初晴后雨》中一句"欲把西湖比西子，淡妆浓抹总相宜"，西湖从此便和美人西施有了紧密的联系。后人在评价西湖之时，再也想不出如此贴切的比喻了，正如南宋的武衍所说："除却淡妆浓抹句，更将何语说西湖？"

苏轼也常常泛舟西湖，一叶小舟、一壶清酒，就是独属于苏轼的西湖记忆。熙宁五年六月，苏轼乘船游西湖，到望湖楼小酌，写下了另一名篇《六月二十七日望湖楼醉书》。今人最熟悉的是其中的一首：

黑云翻墨未遮山，白雨跳珠乱入船。卷地风来忽吹散，望湖楼下水如天。

这首诗还有后续，苏轼描写了骤雨过后继续泛舟游览西湖的所见所闻。低头俯瞰（kàn），百姓放生的鱼鳖与船同游，不知不觉间就将船划到了荷塘深处，荷花虽没有主人，但此时却开得正盛，与西湖相得益彰。在如此美景之中，小酌一杯，酒不醉人人自醉。苏轼仰卧船头，眺望远处的群山，只觉得它们忽上忽下，小船也好似飘荡在风中，就连那皎洁的明月也仿佛近在咫（zhǐ）尺。

但即使在这样的美景中，苏轼也偶尔会想起过去不愉快的经历，诗也不由得染上了一股淡淡的忧伤。西湖中野生的菱角、芡实和青菰（gū），让他想起了自己，此时的自己，不也正和那无人看管的野生植物一样吗？被放逐在乡野之间。苏轼到底是乐观之人，旷达自适是他的人格底色，面对暂时的失意，他不仅能发出"滞留江海得加餐"的自我调侃，还能自我宽慰"可得长闲胜暂闲""故乡无此好湖山"。

西湖不仅给予苏轼美的享受，更使他的心灵得到了升华。当时的西湖也是许多僧人的理想栖所，苏轼常去西湖游玩，自然和这些人有所交集。有一次，苏轼在西湖附近的禅房墙壁上看见一首小诗："竹暗不通日，泉声落如雨。春风自有期，桃李乱深坞。"这首诗不仅极具意境，还颇有哲理，苏轼不由得读出声来。同行的朋友告诉他，这是僧人清顺写的。苏轼欣赏清顺之才，便在第二天主动登门拜访，二人由此成为朋友。苏轼在杭三年，结交的高僧不计其数，他也常和这些人同游西湖、谈论佛法，这也不失为一种修身养性的好方法。

可以戏谑的忘年交

杭州既是繁华的大都市，也是风光迷人的江南水乡，在双重优势的加持下，杭州成了当时不少名士的安乐窝。北宋著名的婉约词人张先便是其中一位，他在退休之后，就在杭州长住了下来。

说起张先，那可是一位奇人。他擅长小令和慢词，写出来的婉约词能和柳永相媲美。因张先自己最为得意的"云破月来花弄影""娇柔懒起，帘幕卷花影""柔柳摇摇，堕轻絮无影"三句诗词都带"影"字，由此得了一个响当当的外号——"张三影"。不过最令后人啧啧称奇的，还是张先的保养之术，在人均寿命不高的古代，张先硬是以八十八岁摘得北宋最长寿文人的桂冠。

苏轼第一次外任杭州时，张先已是耄（mào）耋（dié）老人，两人的年龄相差近五十岁，但年龄的差距并没影响他们成为好友。张先一生安享富贵，对于玩乐之事十分精通，苏轼也不是个死板的人，从来不排斥世俗的享乐，而张先和苏轼都是极富才情之人，平日里爱好写诗作词，共同的兴趣爱好很快就促使二人成了忘年交。

苏词在后世备受称赞，苏轼在杭州才开始大量作词，而他的老师正是张先。苏轼写好词之后，总会兴致勃勃地找到张先，请他指点，张先倒也十分乐意，逐字逐句地为他修改。苏轼文学天赋极高，又得婉约词大师的单独指导，几次下来，作词水平就进步了不少。

张先对于苏轼来说，是老师，更是朋友。苏轼善谑，尤其喜欢开亲朋好友的玩笑，张先既然同苏轼成了知己，自然是免不了被他戏谑。张先八十五岁时，娶了一个年轻小妾，苏轼听说这事之后，便写了好几首诗词打趣张先，张先读了之后，非但没有生气，还写诗回赠，也是一个幽默的老顽童了。

为官一任，造福百姓

苏轼第一次到杭州做官，是他一生中难得的悠闲时光，但大家难免会发出疑问：苏轼在杭州的日子如此轻松自在，是不是不务正业？非也！非也！苏轼为官，向来颇有政绩，但他从来不会整日呆坐在府衙中处理公文，而是将自己视作当地人，深入民间体察民情，并以此来开展工作。

苏轼作为通判，平时主要负责的工作就是审案子。刚到任不久，他就发现了问题，而问题的源头就是新法大力推行的青苗法。青苗法本是一个好政策，它的本意是在每年青黄不接之时，地方政府直接向老百姓发放贷款，以帮助老百姓渡过难关。

当时民间有许多放高利贷的，这些人专门从不富裕的老百姓身上榨取钱财，久而久之，老百姓无力偿还，家破人亡者越来越多。王安石在地方为官时，就发现总有这样的情况发生，于是他转念一想，既然老百姓有贷款需求，与其让他们和地痞流氓做生意，还不如让朝廷直接放款给他们。朝廷再收取一点儿利息，既可以解决农民暂时缺钱的问题，又能充盈国库，岂不是一举两得？

不得不说，王安石的想法还是很超前的。但王安石忽略了非常重要的一点，那就是大宋基层官吏的素质，再好的政策，一层层地执行下去，就可能变了味儿。地方官吏为了完成任务，给自己增添一笔政绩，往往不顾老百姓的实际需要，强行摊派青苗钱。更有甚者，一些贪官污吏为了从老百姓身上捞取油水，瞒着朝廷偷偷提高利息，老百姓的负担反而比以前更重了。老百姓在官府的盘剥之下，大多还不上这笔钱，最终只能承受牢狱之灾。

熙宁五年的除夕夜，本来该是阖（hé）家团圆的日子，苏轼却因为要审讯囚犯而回不了家。这些囚犯大多是良民，只是为了生计才选择铤（tǐng）而走险。如今落入法网，苏轼对他们充满了同情，他由此想到了自己，如果不是因为贪恋这微薄的俸禄，恐怕也不会在这里和他们泪眼相对，此时的自己和他们又有什么不同呢？不过是为了一口饭吃罢了。想到这里，苏轼十分愧疚。

苏轼以一颗仁慈之心为政，他在力所能及的范围内为杭州百姓行方便，杭州百姓因此而稍得安宁。在杭州的土地上，苏轼同样充分发挥了自己的水利才能，从熙宁五年秋开始，至熙宁六年（1073年）春结束，苏轼与知州陈襄花了整整半年时间，浚（jùn）通了唐朝李泌建造的六口古井，解决了城内百姓的吃水难题。

说来也奇怪，六井修缮完毕后，江浙地区遭遇了十分严重的旱灾，只有杭州不受影响，城内的水不仅够老百姓日常生活所需，还能供给牲畜。但在杭州之外的地方，受灾却十分严重，苏轼因此奉命去巡查、赈（zhèn）灾。一去数月，转眼又是一年的除夕夜，此时的苏轼又因公事在身无法和家人团聚，他独自一人坐在城外的孤舟里，听着远处传来的歌声与啼哭声，望着河对岸的点点火光，他感慨良多，思乡之情、羁（jī）旅之意在此刻喷涌而出，积藏已久

的愁绪也在此刻涌上心头。

　　在杭州，苏轼是一个精明能干的官员，也是一个关心民间疾苦的儒士，还是一个具有浪漫气质的诗人，三种身份在他身上得到了完美的融合，也贯穿于他的整个政治生涯。

同是天涯沦落人

出自唐代白居易的《琵琶行》："我闻琵琶已叹息，又闻此语重唧唧。同是天涯沦落人，相逢何必曾相识！"唐宪宗元和十年（815年），白居易被贬为九江郡司马。第二年秋，送客到溢浦口，听到长安歌女的琵琶声，听她谈起少年欢乐往事，如今漂泊江湖，有感而发，撰写这首长诗赠送给她。

鳏夫

鳏，本意是指一种大鱼，终身独行，双目不闭。鳏夫一般是指成年无妻或丧妻而独居的男子。古代男子有妻和妾，如丧妻后没有再娶正妻，或没有将妾室扶正，也称为鳏夫。本书中所说的陈直方即是这种情况。《孟子·梁惠王下》："老而无妻曰鳏。"

脍炙人口

脍指切得很细的肉。炙是指烤熟的肉。两者都是美味的食物，人人喜欢吃。以此比喻好的诗文为大家喜爱、赞美和传诵。《孟子·尽心下》："脍炙所同也。"

六月二十七日望湖楼醉书

黑云翻墨未遮山，白雨跳珠乱入船。

卷地风来忽吹散，望湖楼下水如天。

这首诗写于宋神宗熙宁五年，苏轼任杭州通判期间。题下共五首，此为其一。诗中描写的是西湖的雨景。

望湖楼：位于杭州西湖畔，五代时吴越王钱弘俶所建。翻墨：此处指云层如打翻的墨汁一样黑。白雨：指雨下得大而急。

七

射天狼与中秋月

新官上任的窘境

转眼之间，苏轼外任杭州已有三年，按照北宋朝官员的任职规定，他也是时候和杭州城说再见了。熙宁七年（1074年），苏轼上书请求调离，他知道现在的朝廷依然是新党的天下，自己被调回开封的可能性极小，即使侥（jiǎo）幸回到了京城，仍会被排挤和打压。所以他主动提出继续外任，只是希望这次的为官之地能离弟弟苏辙近一点儿。

这年十月，朝廷同意了苏轼的请求，把他派往了密州（今山东诸城）做知州。当时，苏辙正在齐州任掌书记，密州和齐州都在今天的山东省境内，相隔不算太远，这也算是了却了苏轼的一桩心事。

苏轼从通判升任知州，本是一件可喜可贺之事，但当进入密州境内时，他就再也高兴不起来了。熙宁七年，北宋遭遇了建朝以来最大的旱灾，整整一年，旱情遍布全国，丝毫没有缓解的迹象。密州不仅受旱灾影响，辖区内还有十分严重的蝗灾。蝗虫铺天盖地袭来，啃噬（shì）着老百姓所剩无几的庄稼。老百姓对这些害虫也无可奈何，即使已经捕杀了三万多斛，仍有源源不断的蝗虫朝着密州飞来。

苏轼看着密州的老百姓因天灾而受苦，心里特别难受。然而，更令他痛心和震惊的是一些地方官吏对于自然灾害的敷衍态度，他们对百姓的痛苦视而不见，还为了自己的政绩而粉饰太平，隐瞒灾情也就罢了，甚至称那些遮天蔽日的蝗虫是为老百姓除草的"功臣"。

苏轼首次主政一方，就开启了困难模式，但他没有被密州严峻的灾情所吓退，而是选择和老百姓站在一起，积极应对。苏轼在深入调查和走访过后，紧急向当时的宰相韩绛（jiàng）打了报告，说明了密州灾情之严重，痛斥了之前谎报灾情的官员，同时他还请求朝廷减免密州百姓的赋税。

在这份报告中，苏轼的愤怒与焦急再也掩藏不住，他说："我只是一个身处穷乡僻壤的小官，自知身份低微，都不值得朝廷砍我的脑袋。如果蝗灾没有那么严重，我怎么敢拿这件事欺骗朝廷呢？都到了如今的地步，若朝廷还不相信我说的话，还要反反复复地考察，那么等到朝廷派人察访实情时，恐怕只能看到饿殍（piǎo）遍野了！"

尽职尽责的父母官

在等朝廷回复期间，苏轼也没闲着，他迅速制定出了一整套治蝗方略。苏轼先发动全城百姓灭除蝗虫卵。但令苏轼感到颇为头疼的是，大多数老百姓都不听他的。这是因为在苏轼上任之前，百姓们也采取了很多自救措施，但基本都不见效，他们的希望和耐心逐渐被消磨殆（dài）尽，于是干脆破罐破摔，放弃了抗灾。

为了重新激发起老百姓抗灾的热情，苏轼想到了用虫卵换粮食的方法，他拍着胸脯向乡亲们保证："只要大家都去抓虫卵，就可以用它们来衙门换取小米，我保证大家都能度过这个冬天！"不仅如此，苏轼还亲自下田参与捕蝗工作，每天累得筋疲力尽，双手都磨出了老茧。老百姓看这个新来的知州如此真诚，像是一个干实事的，便将信将疑地重新投入抗灾工作中。

等老百姓用捕到的虫卵换回了粮食，他们才知道苏轼并没诓（kuāng）骗大家，心中的石头也就落了地。从此，密州城的男女老少都加入了抗灾灭蝗的行列。老百姓抓回虫卵之后，苏轼又借鉴古法，下令焚烧并就地掩埋。在苏轼和全城百姓的共同努力下，密州的蝗灾终于得到有效控制。

古语有言："旱极而蝗。"干旱一天得不到缓解，那些夺百姓口粮的害虫就不能被彻底消灭。早在嘉祐年间，苏轼任凤翔签判时，就曾跟着地方长官一起上山祈雨。如今，苏轼成了庇护一方百姓的父母官，祈雨更是他义不容辞的责任。

熙宁八年（1075 年）四月，苏轼写好祈雨祭文，登上了密州城外的常山。这次祈雨过后，密州久旱逢甘霖，旱情终于得以缓解。

苏轼没有被一时的喜悦冲昏头脑，自他步入官场以来，已经亲眼见证了数场旱灾，他深知老百姓不能只靠天吃饭，还要寻找稳定的水源，兴修水利工程。苏轼在常山祈雨时，发现山上有一处泉水，虽有汩汩清泉甘甜清冽，却被当地人忽视。于是苏轼派人上山修整，将这口泉水筑凿为深七尺的大井，为其取名雩（yú）泉。水井虽然修好了，但远水不解近渴，城内百姓用水还是不方便，苏轼又带领百姓修建水渠，将山水引入城内，密州城缺水的情况得到了彻底的改善。

连年的灾荒给密州带来的还有横行的盗贼，许多人不想挨饿，便开始铤而走险，密州老百姓的处境便更加艰难。朝廷也曾派官兵前来平定盗贼，没想到这些官兵暴虐异常，到了密州之后不仅忘记了本职工作，反而拿着禁物诬（wū）赖良民，闯入老百姓家里烧杀抢掠，闹出人命之后，竟畏罪潜逃。老百姓不堪其扰，便纷纷拿着状书来找苏轼哭诉。

苏轼当然很同情百姓的遭遇，但他也有着自己的考量。这些人都是朝廷派来的官兵，如果贸然行动可能会引起更严重的后果。所以苏轼就在老百姓面前演了一出戏，他假装把状书丢到地上，轻飘飘地说了一句："事情还没到这个地步。"那些潜逃的官兵听说此事，以为苏大人是他们的保护伞，便不再东躲西藏，大摇大摆地回到了密州城内。此时苏轼一声令下，就将这些人全部抓起来绳之以法了。

新党的对立面

受熙宁七年大旱灾影响的，不仅只有苏轼和密州城的老百姓，还有王安石。因为这场自然灾害，王安石遭遇了变法以来的第一次重大挫折。

王安石拜相之初，满怀信心，誓要通过变法带给大宋王朝新气象，即使面对保守派的口诛笔伐，他也毫不退缩，还提出了著名的"三不足"说，即"天变不足畏，祖宗不足法，人言不足恤（xù）"。彼时的宋神宗对王安石百分之百信任，也憧憬着王安石为他描绘的美好蓝图。

从熙宁六年延续到熙宁七年的这场旱灾，给了保守派离间神宗和王安石的机会。保守派纷纷指责王安石："你王安石不是总把'天变不足畏'挂在嘴边吗？你看看，报应来了吧！现在天下大旱，就是因为你王安石逆天而行，触怒了天上的各路神仙，我大宋子民也正是因此才跟着遭殃。"

面对这些无稽之谈，王安石摆事实、讲道理，一一进行反驳。但改革进行到现在，反对变法的声音仍不绝于耳，尤其是郑侠向宋神宗献《流民图》后，宋神宗的内心开始有了动摇。

王安石敏锐地察觉到了这一点，他自知宋神宗是他最大的靠山，如今就连皇帝也对变法产生了质疑，那以后新政还怎么推行得下去？宋神宗摇摆不定的态度，深深伤了王安石的心，于是他就向神宗递交了辞呈。即使皇帝再三挽留，王安石依旧不为所动，他意思很明确："我不干了，现在就要辞职！"

王安石走后，改革派的二把手吕惠卿上位。吕惠卿掌权之后最大的动作就是推行手实法，他将全国家庭按照缴纳税赋多少划为五等，强制老百姓上报田亩、住宅和资产，然后再由地方官府登记入册、划定等级。为了防止百姓故意隐瞒财产，吕惠卿不仅允许知情者举报，而且还会给其一笔丰厚的奖励。

当时吕惠卿掌管司农寺，为了推行手实法，他竟然越过朝廷，直接对接地方政府，甚至还威胁地方官员，如果不立即执行的话就以违法处理。地方官员不了解实情，真的以为是皇帝的指令，为了避免自己人头落地，便将政策强制执行了下去。

苏轼到任密州之后，仔细看了手实法的各项规定，便向宰相韩绛提出了质疑，条分缕析地说明了手实之害。苏轼指出，新法过于严苛，隐瞒不报者要杖责，上报迟了还要罚钱，长此以往，必定民怨沸腾。更何况现在的密州灾害不断，老百姓穷得连饭都吃不上了，哪还有多余的钱给国家交税呢？

古代车马不便，书信传回京城需要耗费多时，苏轼当机立断，行使了知州的权力，叫停了这项政策，提举官害怕朝廷怪罪，就劝苏轼不要跟上面的人对着干。苏轼却厉声说："朝廷的诏令，谁敢不从？可手实法出自司农寺，没有经过朝廷允许就擅自让我们执行，这本来就不符合规定！"提举官见惯平日里温文尔雅的苏轼，还是第一次见苏轼怒气冲冲的样子，他震惊于苏轼的强硬态度，只好同意密州暂缓施行手实法。

自是一家的豪放词

唐代古文运动领袖韩愈说："大凡物不得其平则鸣。"意思是说，人在身处困境之时，总是有满腹牢骚想要宣泄。古今中外，大多数文学家的创作同样如此，生活中的种种经历都能成为他们的创作灵感，激发其创作的热情。

在密州的苏轼，不仅经历着政治上的失意，还被各种烦琐的工作缠得脱不开身，生活也十分清苦。当时的密州城内缺少粮食，苏轼即使是知州，跟普通老百姓相比日子也好过不到哪儿去，他也常常吃不饱饭，还要沿着墙根，在荒废的菜园里挖野菜。多重压力之下，苏轼心中的苦闷可想而知。作为文学家的苏轼，将这些苦闷转化为诗意的语言，创作出了一首首情感真挚的诗词。

熙宁八年正月二十日，忙完公务的苏轼昏昏睡去。恍惚间，他仿佛穿越时空，回到了故乡眉山，少女王弗正坐在窗前梳妆，苏轼满怀欣喜地走近至爱，却一句话也说不出来，唯有止不住的眼泪。

幻境再美终是梦，梦境中与故人相会的喜悦，醒来后就只剩下无尽的失落，这种复杂的情绪更给痛苦现实增添了几分酸涩。梦境与现实交织在一起，令苏轼久久不能平静，于是他提笔写下了《江城子·乙卯正月二十日夜记梦》：

十年生死两茫茫，不思量，自难忘。千里孤坟，无处话凄凉。纵使相逢应不识，尘满面，鬓如霜。

夜来幽梦忽还乡，小轩窗，正梳妆。相顾无言，惟有泪千行。料得年年肠断处，明月夜，短松冈。

我们今天常将"诗""词"二字合在一起，但在北宋，诗与词却有着本质的区别。诗是一种庄重的文体，是士大夫抒发情志的首选，而词却被视为"艳科"，仅仅被用作娱乐遣兴。苏轼却一反传统，将悼亡题材运用于词体，以此来表现人世间最真挚的情感，因此苏轼的这首《江城子》也被后人誉为"千古第一悼亡词"。

熙宁八年秋，苏轼已在密州兢兢业业地工作了近一年。在他的治理下，密州的灾情得以缓解，社会风气也开始好转，老百姓的生活逐渐步入正轨。百姓安居乐业，苏轼所需处理的公事也逐渐减少，他的闲暇时间多了起来。苏轼那颗爱游山玩水的心又躁动了起来，他带领全城百姓，在密州城外举行了一场大型围猎。回城路上，他意犹未尽，写下了那首著名的《江城子·密州出猎》：

老夫聊发少年狂，左牵黄，右擎（qíng）苍，锦帽貂裘，千骑卷平冈。为报倾城随太守，亲射虎，看孙郎。

酒酣胸胆尚开张，鬓微霜，又何妨！持节云中，何日遣冯唐？会挽雕弓如满月，西北望，射天狼。

如果说杭州的好湖山慰藉（jiè）了苏轼受伤的心，那密州则给苏轼提供了一个施展政治才能的舞台，使他切身体会到了士大夫为民请命的责任感和成就感，这极大地纾（shū）解了他心中的苦闷。所以在这首词中，昂扬的情绪贯穿始终。苏轼即使人到中年，也依

然怀有雄心壮志，于是他自比魏尚，希望能够等到朝廷回心转意，再度重用自己。

这首气势非凡的《江城子》横空出世后，唐宋词史也翻开崭新的一页。从此之后，词不再是儿女情长的代名词，它逐渐和诗平起平坐。有了苏轼带头，其他文人也摒（bìng）弃了传统观念，开始用词来抒写真实情感。苏轼本人对这首词也颇为满意，他曾在写给友人的信中骄傲地说："我最近写了不少词，虽没有柳永词的那种味道，但这也算是我自创的一种风格吧。"

照耀千古的中秋月

当初苏轼来密州，就是为了方便和弟弟苏辙见面，但由于刚到密州公事缠身，而弟弟在齐州也忙着抗灾，所以他一直未能如愿。但这并不影响兄弟二人的感情，他们之间依然保持着密切的书信往来。

熙宁八年八月，苏轼修葺（qì）了密州城西北角的旧台。台子修好后，苏轼便经常和志同道合的同僚们登台瞭望远处山川。登高远望令苏轼心情舒畅，但他此时也有一个小烦恼，那就是这个台子自修好后一直没有取名，而他也没有灵感，于是他想到了弟弟苏辙，便给他写信分享喜悦，并请他为台赐名。

如今的兄弟二人，都处于人生的低谷，苏辙当然明白苏轼到任

密州以来工作的艰辛，而如今哥哥在密州政绩卓著，他也是真心为哥哥感到高兴。所以苏辙在收到苏轼的请求之后，便答应了下来，他取《老子》中的"虽有荣观，燕处超然"，将台子命名为"超然"，以此来安慰哥哥：不要太在意得失与荣辱，否则将会为物所累，还是要以一种超然的态度来对待人生。

苏轼、苏辙兄弟自小相伴，又一同进士及第、步入仕途，更为难得的是，他们的政见还出奇一致，能在政治场上同进共退。二人深厚的手足之情，不管在当时还是后世都是一段佳话。不过，要说兄弟二人感情的最好证明，还得是那首《水调歌头》：

明月几时有，把酒问青天。不知天上宫阙（què），今夕是何年。我欲乘风归去，又恐琼楼玉宇，高处不胜寒。起舞弄清影，何似在人间？

转朱阁，低绮（qǐ）户，照无眠。不应有恨，何事长向别时圆？人有悲欢离合，月有阴晴圆缺，此事古难全。但愿人长久，千里共婵娟。

那是熙宁九年（1076年），正值中秋佳节，苏轼一边饮酒、一边赏月，回想起自己和弟弟上一次见面，还是在七年之前，如今兄弟二人相隔两地，又都政治失意，他的心中不免黯然神伤。

苏轼可是一个不折不扣的乐天派，总有办法安慰自己，他说，月亮也不是每天都这么圆、这么亮，人也不可能事事如愿，这才是人生常态。此时此刻，我虽与弟弟天各一方，但我们仍然能共赏同一轮明月，谁能说这不是快乐和幸福呢？

读故事 学知识

"亭"和"台"的区别

"亭者，停也。人所停集也。"亭，指有顶无墙，形无定式，供行人休憩之所。如文中提到的喜雨亭、择胜亭、鲈香亭等。

"台，观四方而高者。"台，指高而平的方形建筑，上面可有建筑，也可没有建筑，用于祭祀、瞭望等。如历史上著名的铜雀台、幽州台等。

春宵

春宵一刻值千金，花有清香月有阴。
歌管楼台声细细，秋千院落夜沉沉。

这首诗语言清丽，含蓄隽永，苏轼以清新的笔触描写了春夜的花香、月色。其中"春宵一刻值千金"成为千古传诵的名句，用来形容美好时光的短暂与珍贵。

一刻：古代以漏壶计时，一昼夜分为一百刻。此处指时间短暂。月有阴：指月光在花下投射出的影子。

八

勤勉的中年主官

风雪赴齐州

不知不觉间，苏轼在密州度过又一个三年。按理说，苏轼在密州任上政绩卓著，老百姓和朝中官员都对他赞不绝口，朝廷也是时候把他召回京城了，但十分可惜，宋神宗并没有这个意思，他打算让苏轼继续外任。熙宁九年年底，朝廷命苏轼知河中府。于是苏轼匆匆启程，又一次踏上了赴任之路。

此时的苏轼、苏辙兄弟已经七年未见，因此，苏轼离开密州之后，就先朝着弟弟任职的齐州方向去了。苏轼从密州出发后没多久，在除夕那天遇上了大雪封路，无奈之下，只能被迫留宿潍州。苏轼思弟心切，第二天天气转晴之后，他立刻收拾好行装继续赶路，但天公不作美，又下起了大雪。这次前不着村后不着店，苏轼只得硬着头皮前行。就这样，苏轼一行人沿着泥泞的小路，在风雪交加之中抵达了齐州。

刚到齐州的苏轼，真是狼狈，他和家人裹着破毡，被冻得瑟瑟发抖，就连马也因连日赶路而饿瘦了。不过，苏轼来得实在不巧，弟弟苏辙在齐州的任期已满，已于去年十月就启程回汴梁述职去了。

苏轼此行，虽无手足相伴，却有知己在侧。他的挚友李常此时正好在齐州任职，他听说苏轼来了，便写诗表示欢迎。等苏轼进城安顿好之后，李常知道自己的这个好友是个闲不住的，便经常带着他在齐州四处游览，大明湖、趵（bào）突泉等名胜都是二人深厚情谊的见证。

苏辙事先没有和哥哥商量就先一步进京是有原因的，这一切还是和王安石有关。王安石第一次罢相之后，吕惠卿就成了朝中的新党领袖，他得势之后，不仅以更加强硬的手段推行新法，还动用权力排除异己。宰相韩绛自觉能力有限，又看不惯吕惠卿"山中无老虎，猴子称大王"的做派，就和宋神宗商量着再把王安石给请回来。

王安石这次没有推辞，他接到神宗的诏书之后，便从江宁奔赴开封，于熙宁八年二月再度拜相。但等王安石回朝之后，发现朝中局势早已发生了巨大的变化，新法继续推行的阻力实在太大。王安石苦苦支撑了一年，自知无力回天，多次提出辞职申请，神宗皇帝一直没有批准。但意外来得就是如此突然，熙宁九年王安石的爱子王雱（pāng）病逝，王安石悲痛欲绝，从此再也无心朝堂之事。宋神宗也不是一个无情的帝王，他见王安石白发人送黑发人，心生怜悯，便在十月同意了他的辞职申请，批准王安石回江宁养老。

苏辙在齐州得知王安石二度罢相的消息后，他的政治直觉告诉他：这是实现政治抱负的好机会！苏辙火速赶回汴梁，积极上书论时事，用自己这几年来在地方的所见所闻举例，痛陈新法之害。但宋神宗即使没有了王安石，还是铁了心要变法。苏辙的一腔热血，最终换来的也只是贬官外放。

在齐州停留了将近一个月，苏轼才重新向着京城出发。苏轼、

苏辙兄弟为了避免再重蹈齐州相聚愿望落空的覆辙，便早早地通了气。当苏轼行至澶（chán）州、濮（pú）州之间时，远远地就看见弟弟在向自己招手。时隔多年，兄弟二人终于再次团聚，重逢的喜悦溢于言表。

徙知徐州治洪水

现实很快就给兄弟俩迎面泼了一盆冷水。苏轼、苏辙二人行至开封城外的陈桥驿时，宋神宗差人传旨，令苏轼徙知徐州。外任多年，苏轼早已不在乎去哪里做官，造福一方百姓就是他最大的心愿。但令兄弟二人没想到的是，陈桥驿的看门守卫把他们拦了下来，还告诉他们不许进入开封城。无奈之下，苏轼、苏辙只得在好友范镇位于城外的东园住了下来。

熙宁十年，苏轼、苏辙兄弟在东园休息了两个月后，又一同启程去往徐州。七年前苏轼赴任杭州，也是这样的情景，只不过这次是久别重逢，所以兄弟俩十分珍惜这次相聚的机会，苏辙在徐州过了中秋之后才起身前往南京。

弟弟苏辙刚走，苏轼就开始忙碌了起来，这次他碰上的是数十年难得一遇的大洪水。那年七月，汹涌的黄河在澶州的曹村决堤，大水一路咆哮而下。几天之后，洪水就汇聚到了徐州城外，苏轼登上城楼一瞧，只见一片汪洋。

面对泛滥的洪水，城内百姓惊恐万分，贫穷的老百姓无处可逃，城中的富户却纷纷动起了外出避难的心思。苏轼得知之后，立马把这些富户召到一起，语重心长地对他们说："你们要是都走了，老百姓抗洪的决心也就动摇了，那我和谁守城呢？你们放心，只要有我在，洪水就不会摧毁徐州城！"

苏轼不是光嘴上说说，他安抚好百姓之后，又马不停蹄地赶到武卫营，找到卒长，对他说："黄河马上就要冲毁城墙了，我知道我没有权力支使禁军，但现在情况危急，请你们帮帮徐州百姓吧！"卒长也知道这样不符合规定，但看苏轼言辞恳切、一心为民，也就答应了下来，对苏轼说："苏大人放心，您面对滔滔洪水尚且不躲避，我们这些人自然愿意为大人效力！"

苏轼以身作则，拿起畚（běn）锸（chā），和城内驻守的禁军一起加固城墙，还在城外的东南方筑起了一道护城长堤。遭遇了洪水，徐州的处境本就十分艰难，可这时又连着下了好几天的暴雨。此时的徐州外洪内涝，最危急的时候，城墙不过比水面高六尺。

徐州城到了生死关头，作为父母官的苏轼也忙得焦头烂额。自洪水泛滥以来，苏轼就一直住在城楼上，甚至三过家门而不入，颇有大禹治水的风范。除此之外，苏轼还动员城内官吏日夜值守各处城墙，以防止洪水渗漏进城内。在苏轼的带领下，徐州百姓众志成城，坚持抗争一个多月后，洪水终于退去，老百姓无不欢呼雀跃。危机解除，苏轼也可以松一口气了。

筑堤修楼绝后患

苏轼在徐州抗洪的消息传回汴梁，朝廷下诏奖赏苏轼的功绩。但苏轼体恤民生之多艰，便向朝廷请求免除徐州赋税，同时，他还向朝廷申请了一笔经费，用以加固城墙、修筑堤坝。

除了加强城内的防洪建设，苏轼又在徐州城的东南角修建了一座高楼，并将其命名为黄楼。古人奉行五行学说，金、木、水、火、土五行之间相生相克，水受制于土，而土的代表色正是黄色，所以苏轼相信黄楼能保佑徐州，免除洪水之害。以今人眼光观之，此举似乎有些迷信愚昧，但它也体现了苏轼保一方平安的朴素愿望和治水的决心。

元丰元年（1078年）的重阳节，黄楼修建完毕。苏轼特地举行了盛大的落成典礼，不仅老百姓都来捧场，徐州城内万人空巷，许多文人名士也齐聚徐州，登楼赋诗，庆贺这一盛事。

苏轼自科举考试步入仕途就已凭借文章名满京师，多年的外任生涯又政绩卓著，再加上前任文坛领袖欧阳修的认可，他所积累的名望也就越来越大，被天下文人视为欧阳修的接班人。之前苏轼在密州修建超然台，就有苏辙、张耒（lěi）、文同等人为之作赋，如今黄楼盛会，苏辙、秦观作赋，陈师道作铭，此时的苏轼已经稳稳坐上了文坛领袖的宝座。

这天的黄楼热闹非凡，一大早，苏轼就和众宾客登楼远眺，只见一片浓雾，宛若白色的海洋。等太阳缓缓升起，雾气也随之散去，徐州城外的渔村渐渐浮现在眼前，远处的江水波光粼粼，山峰参（cēn）差（cī）错落。在美景环绕之中，苏轼设宴款待宾客，丝竹悦耳，舞姿曼妙。

觥（gōng）筹（chóu）交错之间，苏轼的心情也很复杂，他想起去年重阳时节徐州城差点儿被水淹没的惨状，又眼见今年城楼下一派生机勃勃的景象，而自己能和这么多的亲朋好友在此团聚，他的心中不由得感慨万分。苏轼几杯热酒下肚，诗兴大发，挥笔写成了一首《九日黄楼作》，众宾客读后无不拍手称赞。

政绩卓著只为民

徐州老百姓还没完全从洪灾中恢复过来，次年春天，徐州又遭遇了旱灾。经历了熙宁七年的密州大旱，苏轼治理旱灾已经驾轻就熟，他先听从当地百姓建议，带上祈雨状，前往城外的石潭求雨；又遍寻水源，修建水利工程。这一套组合拳打下来，徐州春旱也得以缓解。

徐州地处南北交界，每年冬季来临，尤其是下雪之后，天气湿寒，柴火根本点不着，老百姓取暖做饭都成了大问题，日子就过得更苦了。苏轼体察民情，派人在徐州周边四处勘探，寻找其他取暖

原料。元丰元年腊月，苏轼的属下传回了好消息，他们在城外西南的白土镇找到了储量巨大的煤矿。有了煤炭，徐州城的百姓从此就可免受饥寒之苦，平平安安地度过冬季。

苏轼对待百姓，总是怀着一颗怜悯之心。即使是面对那些被收押的囚犯，苏轼也没有产生过一丝鄙夷。他心里明白，这些囚犯大多只是普通百姓，被抓进大牢有时也是由于生活所迫。在徐州工作了一年多，苏轼发现，几乎每天都有囚犯死在监狱里，他对此感到十分困惑，于是决定亲自前往监牢调查情况。

苏轼一走进监牢，就被眼前的场景震撼到了。此时已是寒冬腊月，囚犯们却身着单衣，个个面黄肌瘦，蜷缩在牢房一角，还有一些身体差的一动不动地躺在地上，眼神呆滞，呼吸微弱。

苏轼看着这些病重的囚犯，开口向狱卒问道："这是怎么回事？犯人生病为什么不给医治？"狱卒却满不在乎地回答说："苏大人，这些都是有罪之人，何必为了他们浪费钱财？"苏轼没想到，这些狱卒面对活生生的人命，竟然如此冷漠，于是他提高了嗓音，厉声呵斥道："囚犯难道就不是人了吗？他们生了病也需要医治，你现在就去把郎中请过来，给这些生病的囚犯开方治病！"这些囚犯听了苏轼的话，无不感念他的仁慈，纷纷磕头致谢。

苏轼回到家之后，脑海中总会时不时地浮现出那些囚犯奄奄一息的模样，心里十分难受。苏轼思前想后，认为是目前的制度出了问题。北宋律例规定，官府不需要为病死狱中的囚犯负责，所以才导致那么多囚犯生病致死。

苏轼于心不忍，决定为这些囚犯发声，他踱（duó）步到书桌前，给宋神宗写了一封奏折。苏轼在这封奏折中情真意切地说："法律管被虐待而死的囚犯，却不管病死狱中的囚犯。这么多年以来，因为缺衣少食、生病而死在狱中的囚犯不计其数。如果囚犯罪孽深重，也算是死有余辜，可大多数囚犯只是轻罪，生病得不到医治，这和杀了他们有什么区别？"苏轼知道只靠煽情解决不了根本问题，他为此还提出了一整套周全的改革措施。

别离随处有，悲恼缘爱结

正当苏轼在徐州忙得不可开交时，东京汴梁的风向又有了变化。自王安石辞职之后，宋神宗就开始亲自主持变法，可反对的声音一点儿也没少。失去了王安石这个得力助手，神宗本就心中不快，群臣的反对更令他压力陡增，实施新政的手段也就变得更加强硬。苏轼在熙宁初年就是因为反对变法而外任至今，自然被宋神宗划为旧党一派，苏轼在朝中的处境愈发艰难。

元丰二年（1079 年）三月，苏轼在徐州任职还未满三年，朝廷就下令，命他即刻前往湖州做知州。苏轼对徐州百姓关爱有加，老百姓将苏轼的政绩看在眼里，也对他十分敬重，所以当老百姓听说苏轼即将离任时，心中万般不舍。

苏轼离开徐州那天，城中百姓扶老携幼，纷纷追出城外，前来为他送行。徐州百姓哭声震天，拦在苏轼的马前同他道别。一些百姓甚至拿小刀割马镫（dèng），企图阻止苏轼离去。淳朴的徐州百姓，深深地打动了苏轼。

离别之际，苏轼又想起了初到徐州那年泛滥的洪水，在那生死攸（yōu）关之时，是这些老百姓同他站在一起，日夜不休地抗灾，由此才保下了徐州城。面对声势浩大的送别队伍，苏轼心中对徐州的留恋之情再也抑制不住，眼眶不禁湿润了起来。

苏轼在徐州的时间虽然不长，但他对徐州和徐州百姓的情感却十分深厚，在离开徐州的路上，他深情地写道：

隋堤三月水溶溶。背归鸿，去吴中。回首彭城，清泗与淮通。欲寄相思千点泪，流不到，楚江东。

苏轼显然是把徐州当成了自己的第二故乡，他也期待着日后能和徐州父老再次相见。

读故事 学知识

陈桥

大名鼎鼎的陈桥,位于今河南新乡封丘县。据说五代时这里曾经有座年久失修的小桥,一位姓陈的人出资修复加固,后来就叫陈桥了,后周时设了驿站。

960年,赵匡胤在这里发动兵变,黄袍加身,与众将里应外合,兵不血刃,迫使周恭帝禅位。即位后,赵匡胤改国号为"宋",史称北宋,定都开封。从此,陈桥永载史册,成为北通燕赵的咽喉要地。现今故址仍存,被河南省列为重点文物保护单位。

九日黄楼作(节选)

黄楼新成壁未干,清河已落霜初杀。
朝来白露如细雨,南山不见千寻刹。

这首七言古诗写于元丰元年黄楼落成之后,苏轼于九月九日重阳节和众多好友相聚黄楼,诗人追述了去年今日的水灾情状,以及今日眼前的美好景象。

霜初杀:指已入秋,刚刚开始下霜。千寻:古时八尺为一寻,千寻形容极高。刹(chà):寺庙佛塔。

乌台诗案

喜欢或者了解苏轼的人，应该都对乌台诗案略有耳闻，这是一个给苏轼之后的生活、创作风格以及人格等各个方面都带来巨大改变的事件。所谓"乌台"就是"御史台"的意思。这个名称源于汉代，当时的御史台外面种有许多柏树，柏树上常常落满成群的乌鸦，久而久之御史们办公的地方便被称为"乌台"。当历史的车轮缓缓行至宋神宗元丰年间时，一桩和"乌台"牵扯上关系的文字狱正悄然酝酿并将极速爆发。

山雨欲来风满楼

元丰二年七月二十八日，御史台官吏皇甫僎奉命从汴梁赶到湖州衙门，当场逮捕了时任湖州知州的苏轼。据史料记载，目睹此场景的苏轼家人和郡人皆号泣不止，有目击者形容此状为："顷刻之间，拉一太守，如驱犬鸡。"

苏轼为何会被如犬如鸡般抓走呢？让我们先把时间拉回到熙宁六年，沈括，是的，没错，就是那个写下《梦溪笔谈》的北宋著名科学家，历史上的他有着另一副面孔。这一年，他以检正中书刑房公事的身份到浙江巡查农田水利法实行的情况。在处理公务的同时，沈大人"求知若渴"，将时任杭州通判的苏轼的诗稿抄录了一遍。沈大人在认真刻苦地"钻研"过这些诗稿后，认为这些诗涉嫌诽谤朝政并上呈宋神宗。当时，他的"良苦用心"并未受到皇帝的重视，然而下一次，苏轼便不会有如此好运了。

时间来到元丰二年，此时新旧党争正在激烈进行，苏轼也不可避免地被卷入其中。这一次向皇帝打小报告的是御史中丞蔡确，他举报苏轼的诗文中有攻击新党的内容。那么这次苏轼究竟写了些什么呢？原来，这一年苏轼被派往湖州担任知州，按照惯例需要写一道谢表感谢皇帝的任命。御史们便从苏轼的这篇《湖州谢上表》中挑出了这样几句话："陛下知其愚不适时，难以追陪新进；察其老不生事，或能牧养小民。"他们认为"生事"讽刺的是熙宁变法，而"新进"针对的则是因变法而被擢（zhuó）升启用的官员。所以这句话便被解读为："陛下知道我愚昧，不合时宜，难以和变法派共事。陛下也知道我年老不会多生事端，或许能保全一方百姓，所以让我到湖州任职。"

不过，这段话只是乌台诗案的导火索，炸药包还将不断堆积，真正的迫害才刚刚开始。

值得一提的是，苏轼等人曾写诗文赞扬舍弃朝廷官职去寻找失散的母亲，并最终成功寻找到母亲的孝子朱寿昌。苏轼的诗中有一句："感君离合我酸辛，此事今无古或闻。"似乎在暗讽世人有不尽心赡（shàn）养母亲的人。这句话触怒了没有按照礼俗给母亲守孝三年的李定。不巧的是，元丰二年，这位喜欢"对号入座"的仁兄担任的职务就是御史中丞，也就是御史台的副官！仇人相对，分外眼红，故六月以来，权监察御史里行（权的意思是代理，里行的意思是见习）何正臣和舒亶（dǎn）、国子博士（教育管理机关和最高学府官员）李宜、御史中丞李定等人先后四次上章弹劾苏轼。他们摘出苏轼的一些诗文，认为是"讥讽文字"、"指斥乘舆"（"乘舆"原指皇帝所用的车舆，这里代指皇帝）、"无君臣之义"等。总之就是将苏轼对新法的反对升级到对宋神宗皇权的威胁，将苏轼的诗文定义为对皇帝的侮辱。

炸药包堆积得差不多了，大小官员继续煽风点火。等到炸药包彻底炸开，宋神宗自然是勃然大怒，随即下令御史台逮捕苏轼，加以审理。这就是所谓的乌台诗案，也是开头"如犬如鸡"那一幕发生的原因。

迫害与营救

在乌台诗案期间，苏轼经历了最残酷的迫害和最真挚的营救。苏轼被捕之前，驸马都尉王诜（shēn）一得到消息，便冒着巨大的风险偷偷地将这件事情告诉了苏轼的弟弟苏辙。因为皇甫僎为生病的儿子求药，在路上耽搁了半日，苏辙才得以争分夺秒地将这个飞来横祸的消息提前告知苏轼。

虽然提前得到消息，但当皇甫僎等人到来时，苏轼还是吓得魂飞魄散，甚至想过自裁，在时任湖州通判祖无颇的劝阻下，才勉强穿上朝服应对。

在押送的路上，苏轼也产生过轻生的念头。当一行人行至太湖鲈香亭时，他意欲投水，了却残生，可想到自己若是自杀，弟弟苏辙也一定会跟随同去，于是才堪堪作罢。但可想而知，曾经意气风发"左牵黄、右擎苍"的苏轼经历了怎样的精神折磨呀！

当时御史们搜集的主要"罪证"《苏子瞻学士钱塘集》，今已不传，但在某些材料中还保存着一些诗文，试看几首：

《山村五绝》（其三）

老翁七十自腰镰，惭愧春山笋蕨甜。岂是闻韶解忘味，迩来三月食无盐。

《山村五绝》（其四）

杖藜裹饭去匆匆，过眼青钱转手空。赢得儿童语音好，一年强半在城中。

第一首诗中的老翁吃不到食盐，是因为"食盐专卖"制度；第二首诗中提到的"青钱"是指青苗法中给百姓的农业贷款，苏轼说这些贷款很快就会被城中的娱乐项目卷走，所以新法并不能给农民的生活带来实质的改善。不难看出，这些诗文中的确存在着不满之情，明里暗里讽刺着新法，但若要说有"不臣之心"还是过于严重了。

然而，御史台这些精明的老狐狸每天都要给苏轼肉体和精神上

双重折磨，他们每日不停地盘问苏轼，用一个又一个话术陷阱将他诱入圈套。在舒亶等人的精心罗织下，在李定等人的严刑逼问下，苏轼最终认了罪。

前途和命运实在渺茫，惶惶不可终日的苏轼与长子苏迈约定，如果没有特殊情况，每天送饭便只送菜和肉，如果事有不测便改送鱼肉。一日，苏迈有事离开不能按时送饭，便委托亲戚代送，亲戚不知约定，恰巧送来了鱼肉。苏轼大惊失色，自觉大限将至，便写下绝命诗《狱中寄子由二首》托狱卒转交给弟弟苏辙。

其一

圣主如天万物春，小臣愚暗自亡身。百年未满先偿债，十口无归更累人。是处青山可埋骨，他年夜雨独伤神。与君世世为兄弟，更结来生未了因。

其二

柏台霜气夜凄凄，风动琅珰月向低。梦绕云山心似鹿，魂飞汤火命如鸡。眼中犀角真吾子，身后牛衣愧老妻。百岁神游定何处，桐乡知葬浙江西。

诗中描写的苏轼在牢狱里遭受的非人待遇，以及苏家兄弟二人的诀别与来生约定，在千百年后读来依旧感情真挚、催人泪下。据说神宗读到"魂飞汤火命如鸡"时也是心下一动，想要从轻发落苏轼。

此时的苏轼受尽折磨，而牢狱之外他的家人、朋友们也在做着积极的营救。时任签书应天府判官的弟弟苏辙自请辞官，以代兄罪。退职宰相张方平是苏轼的推荐人，他不顾个人安危频频上书，司马光、范镇等人也上书疾呼。连一辈子与苏轼相爱相杀的变法派章惇（dūn）也在明里暗里维护苏轼。苏轼在押期间，当时的宰相王珪进呈神宗，再次对神宗说起苏轼有不臣之心。神宗此时已经不是很想严厉处罚苏轼了，于是说："苏轼固然有罪，但是应该不至于有不臣之心，你是怎么推测出这一点的呢？"王珪于是举出苏轼所作诗中的"根到九泉无曲处，世间惟有蛰（zhé）龙知"之句，并对皇帝说："陛下飞龙在天，而苏轼却要去求地下的蛰龙，这不是不臣之心吗？"神宗说："诗人的作品，怎么可以这样论说呢？苏轼只是在吟咏桧（guì）树，和朕有什么关系呢！"王珪一时语塞（sè）。章惇也在一旁为苏轼辩解，神宗于是更加觉得苏轼的罪责并没有那么重。下朝之后，章惇还当面斥责王珪，王珪心虚地解释说是舒亶让他这样讲的。章惇毫不客气地回击他："既然如此，那舒亶的口水，王相也可以吃吗？"后来章惇和朋友们谈到这件事，还愤懑（mèn）不平地说："当人们想要伤害一样东西时，就会无所忌惮，就像王珪他们一样！"

除了章惇，王安石的弟弟王安礼也为苏轼说情。最后甚至连退职的王安石也说了一句极有分量的话："岂有盛世而杀才士乎？"我们常常会说到"劝人的艺术"就是要站在他人的角度思考问题，王安石的这句话可谓深谙此道，重视名声的宋神宗可绝对不想因为杀了苏轼而损害自己的形象，损害自己殚（dān）精竭虑开创的"盛世"。

大家的话说到这个份儿上，苏轼的命基本上是保住了。

而且多亏了苏轼的才名，在宫中，也有一位重量级人物为苏轼说话。这位大人物不是别人，正是仁宗的皇后、神宗的祖母曹太后。太后年纪大了，身体不好，神宗想要大赦天下为她祈福。曹太后对神宗说："不必释放那些穷凶极恶之人，只释放苏轼一人就够了。"太后还回忆起仁宗在世时，曾说苏轼、苏辙兄弟是他为子孙寻找到的良相。所以她认为如今出现这种事，一定是有人在陷害苏轼。

于是在众人共同的努力下，神宗考虑到宋朝不杀文士的祖训、自己的名声及苏轼较高的名望，最终决定将苏轼"从轻发落"，贬往黄州（今湖北黄冈），而对其他与苏轼有文字交往的三十九人施以贬谪、罚款的处理。其中苏辙受到降职处分，调到高安（今江西高安），任筠州酒监，驸马王诜被免去一切官职，张方平的女婿王巩被贬到宾州（今广西宾阳）。

从苏轼的这段经历中，我们不难悟出几个道理：平时要多多与人为善，深知"一个好汉三个帮"；同时要加强学习，真才实学是多么重要啊！所谓"知识就是力量"，在关键时刻，才学还能救命呢！

劫后余生

从八月十八日被捕入狱到十二月二十八日出狱，苏轼总共被关押了一百三十天。出狱之后，当他再次看到自己在牢狱中写给弟弟的两首绝命诗时，不禁潸（shān）然泪下，心中五味杂陈的苏轼再次挥毫作《出狱次前韵二首》。

其一

百日归期恰及春，残生乐事最关身。出门便旋风吹面，走马联翩鹊噪（zhào）人。却对酒杯浑是梦，试拈诗笔已如神。此灾何必深追咎，窃禄从来岂有因。

其二

平生文字为吾累，此去声名不厌低。塞上纵归他日马，城中不斗少年鸡。休官彭泽贫无酒，隐几维摩病有妻。堪笑睢阳老从事，为余投檄（xí）向江西。

这两首诗写出了苏轼重获自由后欣喜难耐的心情，历经风雨的他很清楚这场乌台诗案其实是官场中司空见惯的遭遇，是权力斗争的具象表现，只不过这次恰巧落在了自己的头上。诗中已微微显露出一些"人生如梦""不必深究"的超然态度。

然而，虽然苏轼明确知道自己"平生文字为吾累"，但在今后的日子里他依然常常"技痒难耐"，倔强地吟咏自己的人生和现实生活。所谓"诗人不幸诗家幸"，也正是因为经历了这场文字狱，苏轼才逐渐从"苏轼"变成了"苏东坡"。

这场变故给他带来了无尽的折磨与痛苦，也使他在贬谪期间走上了创作的巅峰，大自然的山山水水，以及对这些折磨与痛苦的努力超脱，塑造了他乐观旷达的性格，这不仅影响了苏轼本人，也影响了后世千千万万的伤心人。每当我们感到失意或遇到挫折时，便会不自觉地想到苏轼的遭遇和他的精神，进而获得更多的内心慰藉。

《梦溪笔谈》

这是由北宋著名科学家、政治家沈括撰写的一部笔记体著作。书名取自沈括晚年居住的"梦溪园"和他的号"梦溪丈人"。书中内容包括制度史、财政史、音乐学、天文历法学、医药学、地理地图学、考古学、诗学、书画学、音韵学、文献考证学等，以及一些逸闻轶事、杂记琐谈等，反映了我国古代特别是北宋时期自然科学的辉煌成就。

王复秀才所居双桧二首（其二）

凛然相对敢相欺，直干凌空未要奇。

根到九泉无曲处，世间惟有蛰龙知。

这首诗写于宋神宗元丰二年。王复，钱塘秀才，是位著名的乡间名医，他家院中有两棵高大的百年古桧。苏轼便以桧入诗，以桧喻人，赞美其坚韧不屈、光明磊落的情操与气节。

桧：即桧柏，也叫圆柏。蛰龙：蛰伏的龙。

十

贬谪黄州（上）

在众人的积极营救下，苏东坡终于死里逃生，他被贬谪到了黄州，正式官衔是检校尚书水部员外郎、充黄州团练副使、本州安置，并且申明"不得签书公事"。水部员外郎是水部（即工部的第四司）的副长官，检校是代理的意思。名义上团练副使是地方的军事助理，实际上只是有名而无权的闲职，俸禄微薄。而"本州安置"则表示苏东坡必须到黄州打卡上班，人身自由被限制，近于流放。正所谓"死罪可免，活罪难逃"。在黄州贬谪时期，苏东坡经历了常人难以想象的痛苦。好在他心态乐观并努力开解，在自然山水中积极自救，在佛老调和中保持初心，才最终获得了人格的升华。此时的他相对远离了朝堂中的纷纷扰扰，在山水之间达到了创作的高峰。黄州的山水特产人物事迹在苏东坡的笔下熠（yì）熠生辉，他也因黄州之贬而成了"旷达"一词的代言人，可以说，苏东坡和黄州实现了相互间的成全。

赴黄州，会故人

元丰三年（1080 年）元旦，在长子苏迈的陪同下，在御史台差役的看押下，苏东坡踏上了他的黄州之路。乌台诗案时，苏东坡一家二十余口都被送到弟弟苏辙那里居住。苏辙本就不富裕，而且因为上书为哥哥顶罪，现已被贬为筠州监酒，生活十分拮（jié）据，很难再负担苏东坡的家小。同时苏氏兄弟的从表兄文同于上年正月在陈州（今河南淮阳）病故，如今已经一周年了，因为没有盘费，所以一直没能运柩回蜀。苏东坡虽然尚且心有余悸，但也必须考虑这些现实问题，于是便派人通知苏辙到陈州文家相会，共商诸事。劫后余生的苏东坡与苏辙在另一位兄弟的灵堂相见，一时之间感慨良多，不禁潸然泪下。苏辙也为苏东坡以后在黄州的艰苦生活担心不已，劝哥哥以后一定要谨言慎行。苏东坡于是作诗一首向弟弟保证今后会循规蹈矩，不再沾染是非，从今以后"便为齐安民，何必归故丘"。由于苏东坡需要尽快赶往贬所，于是待诸事安排妥帖后两兄弟便匆匆告别了。

苏东坡继续行进，一路上他时而在人生际遇的磨难下黯然神伤，时而又在游览山川风景后暗自庆幸。有一日他经过春风岭，看见梅花满山且有花瓣落入溪水流去，不禁心情大好，便作《梅花二首》：

其一

春来幽谷水潺潺，的（de）皪（lì）梅花草棘间。一夜东风吹石裂，半随飞雪渡关山。

其二

何人把酒慰深幽，开自无聊落更愁。幸有清溪三百曲，不辞相送到黄州。

苏东坡十分喜爱梅花，后来他也常常在诗中吟咏这冬日的精灵。这些开在贬谪路上的梅花给了他很多慰藉。十四年后，当饱经风霜的苏东坡再次被贬谪到惠州时，他又想起了这日的梅花，也忆起了当时的心情。一路悲喜交加的苏东坡终于行至黄州岐亭。这时他看见远处仿佛有人对他频频招手，苏东坡苦笑，以为自己出现了幻觉。然而随着距离的拉近，他发现这个人不是别人，正是他的老朋友陈慥，字季常。陈慥是苏东坡任凤翔签判时的长官陈希亮的小儿子，苏东坡和这位长官关系不太好。但正巧这位陈小公子在当时也是一位令老爸颇为头疼的"问题少年"，常常饮酒击剑、携酒遨游。两人一拍即合，成了好朋友。劫后余生的苏东坡在这样人生地不熟的地方得见故人，几乎要落下泪来。世事浮沉，这位陈小公子如今也已经脱胎换骨了，曾经生活豪奢的他现在住在山上简陋的木屋中，并自号静庵。他乡遇故知，生活并不宽裕的陈季常竭尽所能地招待苏东坡，这令苏东坡十分感动。在季常家中待了几日后，他继续赶往贬所。

黄州初印象

元丰三年二月一日，经过一个月的长途跋涉，苏东坡父子终于到达黄州贬所，并上《到黄州谢表》。苏东坡小心翼翼、字斟句酌地书写着这一次的谢表，恰到好处地把自己的政治立场与心迹剖白给皇帝，这也给神宗皇帝留下了不错的印象。此时的黄州太守是徐君猷（yóu），在苏东坡"独在异乡为异客"之时，这位太守对他十分照顾，力所能及地给了他较好的生活体验。重获自由、有友相迎、长官和蔼，苏东坡刚刚到达黄州时，他对黄州的初印象是十分不错的，并且也在自己的作品中有所显露，比如这首《初到黄州》：

自笑平生为口忙，老来事业转荒唐。长江绕郭知鱼美，好竹连山觉笋香。逐客不妨员外置，诗人例作水曹郎。只惭无补丝毫事，尚费官家压酒囊。

这首诗描绘了黄州的自然景色和物产，有长江绕城、水产丰富，有好竹连山、竹笋鲜美。同时此诗也将苏东坡初到黄州的复杂心情描摹得淋漓尽致，诗中不乏辛酸的自嘲，也暗含自我的开解。自小便生长在长江边的苏东坡，再次回到长江边，虽是获罪之身，但归根结底是重获新生，他由衷地感到欣喜。而这苦乐交织的笔触也奠定了苏东坡贬谪黄州初期整体的写作基调，在自嘲中开解，在悲苦中超脱。

财政与健康的双重危机

然而好景不长，初来的喜悦被现实击溃了。而击溃苏东坡的实在是个俗物，便是这古往今来难倒许多英雄好汉的"钱"。刚来黄州时，由于种种原因，苏东坡和儿子苏迈寄居在定慧院，父子二人平时蹭蹭和尚的斋饭吃，日子倒也算过得去。然而等到这年五月份，按照商议好的计划，苏家二十多口人在苏辙的护送下过来和苏东坡团聚了。这一大家子自然不可能都"蹭饭"了，于是苏东坡便在郡守的关照下搬到了一座驿站临皋（gāo）亭里。临皋亭的居住条件不怎么样，但好在有了落脚之地，且周围风景宜人。但是以苏东坡微薄的俸禄想要供养起这一大家子也真是十分不易。苏东坡在给秦观写信的时候，就谈过自己的"财政危机"和"理财之道"。他们全家每天能用的钱只有一百五十钱。为了防止入不敷出，每月初一，苏东坡都会取出四千五百钱，平均分成三十份，挂在屋梁上，早上用叉子挑下来一份以供一日的开销。再把竹筒做成储钱罐，把没有用完的钱贮存起来，用来招待宾客。同时由于经济上的拮据，苏东坡自己的饮食和招待宾客时的酒食也是十分简省的。他给自己立的规矩是早晚的饭食不超过一杯酒、一盘肉，就算有客人来访，一般来说席上的蔬食果酒也不会超过三样。不过呢，他也颇能苦中作乐，称自己这是"三养"，即：安分以养福，宽胃以养气，省费以养财。同时在写给友人的信中也谈到自己的观念："口体之欲，何穷之有？每加节俭，亦是惜福延寿之道。"

然而贫困常常与疾病相连，黄州多雨的气候和糟糕的居住环境给苏东坡的身体雪上加霜。初来黄州时，他只觉得江水浩荡、竹笋飘香，但多待上一些时日，便感到"气象昏昏"了。在《寒食雨二

首》中，苏东坡也写到黄州多雨的气候，"今年又苦雨，两月秋萧瑟"，"春江欲入户，雨势来不已。小屋如渔舟，濛濛水云里"。在黄州时期，苏东坡生了许多的病，比如水土不服、臂疾、中暑、目疾等，少则几日，多则一月半载，甚至还有很多人以为苏东坡在黄州去世了。此间辛酸折磨，如人饮水，冷暖自知。

惆怅与开解

除了经济上的拮据、身体上的病痛，在黄州，苏东坡还经受着政治上的不得志和精神上的折磨。他在《醉睡者》一诗中写自己的生活状态是"有道难行不如醉，有口难言不如睡"。初到黄州的苏东坡，虽极力开解自己，但还是犹如惊弓之鸟。白天他在家里蒙头大睡，只有晚上才敢出来走动走动。在定慧院时，他尽量克制自己不再说话，也不常与人交往，一般只将出去沐浴作为休闲的方式。他也曾感叹："得罪以来，深自闭塞。……平生亲友，无一字见及，有书与之亦不答。"甚至苏东坡会在写给友人的信件上叮嘱他们看过之后就一把火烧了。几近崩溃的苏东坡只能再次借助笔墨来抒发内心真情。由于曾因文字获罪，胸中之意便不能随意抒发，他只能小心翼翼地拿起笔，曲折委婉地写下自己的心事。苏东坡曾多次在作品中托物言志，书写自己的怀才不遇和孤苦心情。在《卜算子·黄州定慧院寓居作》中他以孤鸿自况：

缺月挂疏桐，漏断人初静。谁见幽人独往来，飘缈孤鸿影。

惊起却回头，有恨无人省。拣尽寒枝不肯栖，寂寞沙洲冷。

巨大的孤独感、寂寞感从字里行间溢出，苏东坡此时的冰冷心境凝结在文字之间，时隔千年依然透出阵阵冷意。在《红梅三首》《寓居定慧院之东杂花满山有海棠一株土人不知贵也》这些诗中他又以花自况，孤影自怜。在元丰四年（1081年）的中秋之夜，他再次感叹"人生如梦"，写下一首《西江月》：

世事一场大梦，人生几度秋凉。夜来风叶已鸣廊，看取眉头鬓上。

酒贱常愁客少，月明多被云妨。中秋谁与共孤光，把盏凄然北望。

中秋本该是阖家团圆的日子，苏东坡却只能饮下苦酒，凄然北望，作悲戚之语。这些文字真实记录了苏东坡遭遇政治挫折后的人生感慨，初到黄州的他虽不被赏识，却竭力使自己保持孤寂高洁的心态。在无边的惆怅和痛苦中，文字成了苏东坡的精神寄托。

也许是为了排解痛苦，在黄州期间，苏东坡除了写诗作文还有许多其他爱好。首先是他很喜欢读史书，而且他读史并不是简单地囫（hú）囵（lún）吞枣打发时间，而是下了许多苦功夫的。有一次苏东坡的朋友为他介绍了黄冈教官朱载上所作诗文，苏东坡对其中的"官闲无一事，蝴蝶飞上阶"一句，非常称赏。于是趣味相投的两人就成了好朋友，这个朱教官常常来看望苏东坡。有一日朱载上来拜访他，等了好久都不见苏东坡出来，朱载上等得有些不耐烦了，于是准备离开。这时苏东坡一边快步走来，一边道歉，解释道："我刚刚上了一些课，没有察觉到您大驾光临。"朱载上问："先生上的是什么课呢？"苏东坡答："抄写《汉书》。"朱载上不解地问："以先生的才学，开卷一览，就可以终生不忘，何必亲自抄写呢？"苏东坡答："我读《汉书》，至今已经抄过三遍。第一次每段事抄三字为题，第二次两字为题，现在只抄一个字。"朱载上还是有些不解，便离席向苏东坡请求道："不知先生所抄的书，可以给我见识见识吗？"苏东坡便命老兵去内室取来。朱载上翻看着，却还是不懂这样抄书是什么意思。苏东坡便说："请你试举出题上的一个字。"朱载上依言行事，苏东坡即应声背诵数百言，无一字差误。通过这件事我们可以看出苏东坡对史书的记诵已经到了炉火纯青的地步，只需要提点一个字便可以将全部情节背诵出来。没有人可以随随便便成功，虽然我们现在并不提倡死记硬背，但是对于一些经典的篇目，我们还是应该多下苦功，将它们内化于心。

而从元丰三年十一月开始，苏东坡还常常闭门著书，作《石氏画苑记》。同时他又专治经书，一二年间，便作《易传》九卷、《论语说》五卷，同时又写出《书传》和《书义》等著作，以书史为乐。苏东坡也经常写字、作画，后来与朋友逐渐恢复交往后还将自己的得意作品主动送给他们。而曾经被欧阳修赏识和提拔的苏东坡也不忘提携后进，他逐渐发现和培养了很多文坛新人，比如黄庭坚、秦观、张耒、晁补之，这四人后来也被合称为"苏门四学士"。

　　来黄州的初期，苏东坡经历了身体和心灵的双重淬（cuì）炼，但乐观旷达的他没有被苦难压垮，而是通过各种切实有效的方式调整心态，不断在困苦的生活中突围。人生不如意之事，十之八九，也许某一天我们也会身处逆境，不妨想想苏东坡经历的苦难及其自我调节的方法，从中汲取战胜困难与热爱生活的良方。

独在异乡为异客

出自唐代王维的《九月九日忆山东兄弟》："独在异乡为异客，每逢佳节倍思亲。遥知兄弟登高处，遍插茱萸少一人。"描写了游子思乡怀亲之情。

茱（zhū）萸（yú）：指吴茱萸，果实为红色，有散寒止痛等功效。

惊弓之鸟

出自《战国策·楚策四》，讲的是一只鸟从半空中飞过，神射手更羸对魏王说，他拉一下弓弦就能将鸟射下来，魏王不信。更羸便拉弓虚射，果然鸟从半空中落了下来。魏王惊叹更羸的箭术高超。更羸说，不是我箭术高超，而是我听到这只鸟叫声凄厉，飞行缓慢，一定是离群且受伤，心怀恐惧，所以一听到弓弦响，便猛然振翅高飞，结果牵动旧伤，疼得它掉落下来。后来用这个成语比喻受过惊吓的人，听到一点儿动静就觉得害怕。

贬谪黄州（中）

土地会有的，房子也会有的

元丰三年六月，苏东坡在武昌（今湖北鄂州）买田，但没有成功。俸禄微薄又没有土地，到了第二年春天，苏东坡的生活已经极端贫困了。这时，苏东坡的一位"穷兄弟"却为他带来了曙光。这位"穷兄弟"是一介书生，名字叫作马正卿。虽然这位马兄自己的温饱问题也只是堪堪解决，但他却替苏东坡向官府请来了一块数十亩的荒地。可不要小瞧这块荒地，这就是大名鼎鼎的"东坡"，甚至后来还成了苏轼更为人所熟知的称呼。"东坡"这个名字听着很是朴素简单，似乎只是"东面坡地"的简略称呼，其实也是有出处的。"东坡"一词出自唐代诗人白居易的诗。白居易为忠州刺史时，有《东坡种花》二首，又有《步东坡》一首，诗云：

朝上东坡步，夕上东坡步。东坡何所爱？爱此新成树。

白居易在苏东坡心中有着举足轻重的地位，是苏东坡真心敬重的诗人。自号"东坡"其实也体现着苏东坡对白居易晚年"知足保和"思想的认同，意味着苏东坡的思想已经在潜移默化中发生了一些改变。

道路是曲折的，但前途是光明的，现在苏东坡总算成为有地一族了。他丝毫没有官员的架子，很快便成了一位真正的"田舍翁"。他会悉心求教周围的农民如何种好田地，会在收成不佳时捶胸顿足，也会在看见丰收景象时捋（lǚ）着胡须满意微笑。

没过多久苏东坡又听说黄州东南三十里的沙湖多有腴（yú）田，已经有了一定资本的他再次动了买田的心思。在元丰五年（1082年）三月，他特意到沙湖查看田地。道中却忽然遇雨，同行之人十分狼狈，而此时已经颇为旷达的苏东坡却在雨中闲庭信步并吟咏出那首著名的《定风波》：

莫听穿林打叶声，何妨吟啸且徐行。竹杖芒鞋轻胜马，谁怕？一蓑烟雨任平生。

料峭春风吹酒醒，微冷，山头斜照却相迎。回首向来萧瑟处，归去，也无风雨也无晴。

然而沙湖求田不得，东坡却患了病，他去找当地一位耳聋的医生庞安常，发觉这位医生是个很有趣的人，这也算是一段文化因缘。两人后来还一起游览了王羲之的洗笔泉，紧挨着洗笔泉有一条叫作兰溪的小溪。兰溪的水是向西流的，见此奇景东坡再次诗兴大发，作《浣溪沙》一首：

山下兰芽短浸溪，松间沙路净无泥，萧萧暮雨子规啼。

谁道人生无再少？门前流水尚能西！休将白发唱黄鸡。

自古河水东流，这涓涓西流的流水，就仿佛一生抗争不服老也不服输的东坡。世人多以为这位恃才傲物的才子会因乌台诗案这场重大的政治打击而一蹶不振，然而他却在黄州获得了精神的启迪，喊出了"休将白发唱黄鸡"这样不屈服于命运的口号。

有了地，那么下一个目标便是房子了，安居才能乐业，这也是我国的传统心理，古今没有例外。在元丰五年，苏东坡在东坡旁边寻得了一个废弃的园圃，于是他便在这个园圃的基础上动手筑墙葺堂。房子是在一个大雪纷飞的日子里被修建好的，苏东坡还饶有兴致地在四面的墙壁上画上雪景图，并将自己的爱屋命名为"东坡雪堂"，并作《雪堂记》。后来许多邻近的好友送来美酒，恭贺他乔迁之喜，苏东坡便把各种各样的酒全部倒在一个容器中，并为它取名"雪堂义樽"。这年十月，与苏东坡同榜及第的进士蔡承禧受任淮南转运副使，恰好黄州就在他所管辖境内，他特地来临皋亭探望苏东坡。他看到苏东坡的居处窄小，便在附近的高坡上为他又建了三间新房，并命名为"南堂"。苏东坡大为感动，写下《南堂》组诗记之。在黄州贬谪的中期，苏东坡的生活终于步上了正轨，他变成了"有地有房"的人，过上了自给自足的生活。

舌尖上的东坡

东坡实在是一位难得的全才，他不仅是一位官员、文学家、书法家、画家、"驴友"，还是一位美食家和养生家，他对药膳、保健、饮食等方面也颇有研究。他练习气功，服用丹丸、草药，还亲自尝试炼丹并撰写心得体会，取得了不小的成就。而且以东坡命名的药膳和菜肴不下十种，其中最著名的是"东坡肉"，苏东坡还为此写过大名鼎鼎的"猪肉颂"：

净洗铛（chēng），少著水，柴头罨（yǎn）烟焰不起。待他自熟莫催他，火候足时他自美。黄州好猪肉，价贱如泥土。贵者不肯吃，贫者不解煮，早晨起来打两碗，饱得自家君莫管。

经过多次实践和不断改良，苏东坡终于将猪肉做成了肥而不腻的美味菜肴。而"东坡羹""东坡鱼""东坡饼"，虽不及"东坡肉"那般知名，但也使有限的食材绽放出了最大的美味。读到此处，大家也许会口水直流吧，东坡先生也没有自己吃独食，他已将菜谱完整地记录下来了。若有条件，我们也不妨动手一试，且作一回东坡传人。

然而东坡也并不是每次都能做出令人满意的作品，也有失手的时候。东坡很喜欢饮酒，但他的酒量实在是不大，而且他认为黄州的酒并不是很好喝，于是就决定自己动手研制一种"蜜酒"，大概是以蜂蜜和糯米为原料进行酿制。东坡是希望得到一坛"开瓮香满城"的佳酿，结果却得到了一坛"泻药"。饮下此酒的朋友们，全都腹泻不止。究其原因，首先蜂蜜本身就有润肠作用，再者古代的保鲜技术有所欠缺，也许蜂蜜水早已经变质了。虽然这坛酒酿造失败了，但苏东坡对美食、美酒的自觉钻研与追求却没有停止。经营人生和烹饪食物、酿造美酒一样，原材料及后续的每一个步骤都会影响最后的结果，苏东坡会在跌跌撞撞的试错中实现自我的开解和升华，完成"最伟大的作品"。

苏东坡不仅喜欢自己烹制食物、酿制酒品并为它们赐名，还喜欢给在其他地方吃到的美味和喝到的美酒命名。监仓刘唐年主簿家里常常煎米粉作饼，十分酥脆鲜美。东坡觉得很好吃，便问主人："这个饼叫什么名字？"主人也不知道，东坡便道："那就叫'为甚酥'好了。"苏东坡的好友潘大临家里酿造出一种酒，有一次东坡尝了一口，觉得很酸，便疑惑：莫不是把醋错当作水了？于是苏东坡便将这酸酒称作了"错著水"。后来没过多久，东坡带了家人去郊游，很想吃刘家的煎饼，便写了一首短诗向刘唐年讨："野饮花间百物无，杖头惟挂一葫芦。已倾潘子错著水，更觅君家为甚酥。"这米饼和酸酒也因苏东坡的命名而在历史长河中留下了名字。

东坡的纵情山水

就算初来黄州为生计发愁时，东坡都会积极地践行"读万卷书，行万里路"，在自己可以游览的范围内（苏东坡的人身自由是受到限制的）到各种各样的名胜古迹、自然山水间纵情欢乐。他还颇有魏晋名士的玄心洞见，常常泛舟江上，乘兴而去，让小舟随风随水自由来去。而且他还有颗赤子之心，很喜欢邀请朋友一起荡舟，用石块击水。

要说苏东坡最喜欢的游览地，非赤壁莫属。黄州城西北长江之滨，有座红褐色的石崖，形状很像鼻子，因此被称为"赤鼻山"或"赤鼻矶"，也因崖石如壁，所以还被称为"赤壁"。唐代的诗文便有意无意地把它和三国时赤壁之战的古战场牵连在一起。看来从唐代开始，便有将自然旅游资源与人文旅游资源有机结合的意识。到黄州半年后，苏东坡第一次到赤壁游玩。他和长子苏迈划着一只小船夜游赤壁，他纠结的心情终于在山水中得到了救赎。后来他还常常到赤壁捡沙滩上的细石，有时候还会用一些糕饼让孩子们帮他去寻找漂亮的石头，最后一共搜集了二百九十八枚。苏东坡将这些石头用古铜盆盛起来，注入清水，并将其命名为"怪石供"，后来将它们赠予了庐山归宗寺的了元禅师。这位了元禅师就是后来的佛印和尚，他是苏东坡的至交，宋代的笔记小说中也有关于两人轶事的记载。

元丰五年，苏东坡在赤壁写下了名作《念奴娇·赤壁怀古》，词曰：

大江东去，浪淘尽，千古风流人物。故垒西边，人道是：三国周郎赤壁。乱石穿空，惊涛拍岸，卷起千堆雪。江山如画，一时多少豪杰。

遥想公瑾当年，小乔初嫁了，雄姿英发。羽扇纶（guān）巾，谈笑间、樯橹灰飞烟灭。故国神游，多情应笑我，早生华发。人生如梦，一尊还酹（lèi）江月。

这是一首气势磅礴的咏史词，在当时就成了苏东坡的代表作品，广为流传。直到今日还被选入教科书，千古传诵。苏东坡也对自己这篇词作颇为满意，后来他当了翰林学士，有一个幕士擅长唱歌。苏东坡还曾经问他："我的词和柳永的相比怎么样呢？"这个幕士答道："柳郎中的词应该安排十七八岁的女孩儿，拿着红牙拍板，唱'杨柳岸晓风残月'，而学士的词，必须要关西大汉拿着铁板，唱'大江东去'。"此等豪迈的唱法足见此词气势，也可见此时苏东坡的心情已经渐趋旷达，乌台诗案的阴霾已不能掩盖他的自由畅想。

这年的七月十六日和十月十五日，苏东坡又两次乘小舟游于赤壁之下的长江，写下著名的《前赤壁赋》《后赤壁赋》。《前赤壁赋》充满了人生哲理，它利用主客对话的构思方法，传达了东坡乐—悲—乐的心态转变。他认为宇宙与人生都存在着变与不变两个方面，

见解深刻而又独到。《后赤壁赋》则以记游为主，还描绘了梦中道士化为孤鹤这样如梦如幻的场景。这年的十二月十九日，是苏东坡的生日，他再次在赤壁摆酒，与朋友一起畅饮。有一名叫李委的进士，主动要求给东坡献曲。他用笛子吹奏着特意为东坡作的新曲子《鹤南飞》。李委说自己别无所求，只求苏东坡可以赐诗一首，于是苏东坡便作《李委吹笛》相赠。

"驴友"苏东坡每天悠然自得，在山水之间纵情欢笑，但黄州的徐太守却每日都要悬着一颗忐忑不安的心。话说有一次苏东坡与友人夜饮东坡，兴致很高，于是吟词一首道：

夜饮东坡醒复醉，归来仿佛三更。家童鼻息已雷鸣。敲门都不应，倚杖听江声。

长恨此身非我有，何时忘却营营？夜阑风静縠（hú）纹平。小舟从此逝，江海寄余生。

第二天这首词便传到了徐太守的耳朵里，这可把徐大人吓得魂不守舍。"小舟从此逝，江海寄余生"，东坡先生这是乘着小舟去了哪片江海呀？这是要逃跑吗？作为黄州的长官，自己不就要承担罪责了？揣着一肚子的疑问与惊恐，徐大人赶紧飞奔到苏东坡的住所，却只听得屋内鼾声大作。推门一看，这位"越狱嫌疑犯"正在睡梦之中遨游江海呢！

当然了，这只是苏东坡生活里的一个小插曲。在贬谪的中后期，苏东坡已经逐渐适应了黄州的生活，也留下了许多优秀的文学作品。虽然生活是艰难的，但苏东坡努力调节使自己的世界变得多姿多彩，也算度过了一段难得的惬（qiè）意时光。

恃才傲物

指仗着自己才能出众而看不起别人。恃（shì），凭借。物，泛指众人。唐代姚思廉的《梁书·萧子显传》中有："及葬，请谥。手诏：恃才傲物，宜谥曰骄。"萧子显死后，请封谥号。梁武帝手写诏书：他生前恃才傲物，应封谥号为"骄"。

前赤壁赋（名句）

寄蜉蝣于天地，渺沧海之一粟。哀吾生之须臾，羡长江之无穷。

译文：像蜉蝣一样寄身于天地之间，像沧海中的一颗谷粒一样渺小。感叹我们的人生苦短，羡慕长江的无穷无尽。

蜉（fú）蝣（yóu）：一种生长在水边的昆虫，生存期极短，只活几小时，以此比喻人生短暂。

贬谪黄州（下）

东坡居士的黄州朋友圈

如果要评选古代社交达人，苏东坡一定榜上有名。仅仅在贬居黄州期间，东坡结交的朋友就有过百人。他上与地方官吏，下与流民乞丐都有交往。无论是曾经蹭饭的和尚，还是给他治疗手臂的郎中，都成了他的好友。甚至在乌台诗案中受到牵连的朋友们，也有许多人依旧与他保持着友好关系。当然了，如前所述，在贬谪初期众位朋友们还是有所收敛的，毕竟总不能因为交朋友而丢了项上人头。那时苏东坡颇为难过，甚至担心自己在黄州交不到朋友了（"黄州岂云远，但恐朋友缺"）。但事实证明，东坡先生真是过虑了。"社牛"苏东坡每天早上起来，如果没有招揽客人来家里聊天，那就一定会出去拜访朋友。而这些和他一起游玩的人，也并未经过特意挑选，可谓"谈笑有鸿儒，往来有白丁"。他和谁都能谈天说地，还很喜欢听朋友们讲鬼故事，有时候朋友们实在讲不出来了，他就央求大家随便说说也好，所谓"姑妄言之"。

而苏东坡在黄州时期最好的朋友便是前面提到的、他来黄州途中遇见的第一个故人——陈季常。季常住在岐亭，后来两人也常常互相拜访，感情十分深厚。我们知道东坡先生天生妙口一张，有时祸从口出，有时也妙语连珠，极爱戏谑。陈季常自号龙丘居士，十分"惧内"（怕老婆）。苏东坡就写诗打趣他，诗曰：

谁似龙丘居士贤，谈空谈有夜不眠。忽闻河东狮子吼，拄杖落手心茫然。

从此以后"河东狮吼"便被用来比喻凶悍的妇女发怒，并借以嘲笑惧内的人。在 2002 年的时候，香港还以这个故事为原型，拍了一部电影，名字就叫作《河东狮吼》。但其实陈夫人并非只有凶悍的一面。苏东坡在《方山子传》中也曾称陈慥家虽然家徒四壁，但妻子、奴婢皆有自得之意，想来陈夫人也是安贫乐道之人。

苏东坡在黄州时期还有一个忘年交是画家米芾（fú）。在米芾二十二岁时，他来到东坡雪堂拜访苏东坡，两人一见如故。有一日，米芾看苏东坡画竹，一笔从地起直至竹子尖，和一般的自顶至地、先竿后节的画法不同，便问："您为什么不逐节画竹呢？"东坡答："竹子生长的时候，也不是逐节生的呀！"东坡匠心独运的画艺及对日常事物的观察入微也可见一斑。苏东坡后来还曾让米芾贴观音纸于壁上，作两枝竹并枯树怪石赠给米芾。后来驸马王诜将此画借走而且没有归还，这件事让米芾一直耿耿于怀，并记载在自己的笔记中，足见米芾等人对苏东坡作品的珍视。

苏东坡的好友王巩（字定国）因为受到乌台诗案牵连，被贬谪到地处岭南荒僻之地的宾州。歌妓柔奴（别名寓娘）一直不离不弃地陪伴着他在岭南度过了一段艰苦的岁月。元丰六年（1083 年）王巩北归，请出柔奴为苏东坡劝酒。苏东坡问她岭南风土如何，柔奴

答以"此心安处，便是吾乡"。苏东坡听后，大受感动，作《定风波·南海归赠王定国侍人寓娘》相赠。词曰：

常羡人间琢玉郎，天应乞与点酥娘。尽道清歌传皓齿，风起，雪飞炎海变清凉。

万里归来颜愈少，微笑，笑时犹带岭梅香。试问岭南应不好，却道，此心安处是吾乡。

直到今天人们还经常会用"此心安处是吾乡"来应对生活中的各种际遇。黄州太守徐君猷与苏东坡的感情也非常好，按理说徐君猷是奉朝廷之命监督苏东坡的，但苏东坡却说二人"相待如骨肉"。可见君猷的通达心胸和苏东坡独特的人格魅力。后来徐君猷在黄州去世，东坡亲笔为他写下祭文，挽词十分悲哀，充满真情实感。苏东坡还和鄂州太守朱寿昌非常要好，是不是觉得这个名字很熟悉？这位仁兄就是乌台诗案前被苏东坡等士大夫轮流称赞的弃官寻母的大孝子。这位朱孝子与苏东坡也算是英雄惜英雄，在苏东坡被贬黄州期间一直关心着他的生活，给予了他许多照顾。

苏东坡和黄州当地的民众关系也非常好，他和开酒店的潘丙成了好朋友，常常去他那里品尝村酿。他和酒监胡定之交情甚笃，这位胡先生家中藏书万卷，而且从来不吝啬借人观阅，也给苏东坡的生活提供了许多乐趣。苏东坡还和一位叫作古耕道的热心人关系非常好，这位古大哥文化水平虽然不高，但却十分热心公益事业。后来也是他和苏东坡一起组建了"育儿会"。

除去俗世交往，苏东坡和出家人也交游甚广。苏东坡在黄州的时候，有一个和尚多次来见他，但始终不说一句话。当和尚将要最终离去的时候，从怀里取出两帖药，这药看起来像莲花的花蕊一般，只不过是黑色的。苏东坡没有辜负和尚的美意，一直把这两帖药收着，后来苏东坡被贬谪到偏远的儋州，而身体还算健康，有人推测可能就是因为服用了这药。还有一位出家人，堪称苏东坡的"铁粉"，他就是道潜，字参寥，因此也被称为"参寥子"。无论苏东坡被贬到何方，无论这个"何方"有多么难以抵达，道潜和尚都会义无反顾地奔赴而去。在苏东坡被贬谪到黄州的时候，道潜也前往黄州探望，并且在苏东坡家中住了一年左右。

上自官吏，下至百姓，槛内槛外，都有苏东坡的好朋友，宋代的社交达人，非苏东坡莫属。

佛老调和下的儒家内核

黄州贬谪时期，为了获得内心的宁静以及暂时填补空虚，一直在儒家传统思想熏陶下的苏东坡主动吸收了佛教和道教思想。佛老思想对他有很大的影响，但苏东坡也一直保持着儒家思想的底色，成了中国古代儒释道三家贯通的代表性人物。

来黄州初期，佛学给了苏东坡很大的精神慰藉，他曾说自己"不复作文字，惟时作僧佛语"。刚到黄州不久，他便开始学习禅定的功夫。黄州城南五里有一座安国寺，苏东坡每隔一两天就会到寺里焚香静坐。悟性极高的苏东坡说自己曾经达到过"物我两忘"的境界。道家方面，如前所述，他走上了炼制丹药之路，而且还自觉地修习过养生术和瑜伽术。然而苏东坡在给友人的书信里说得很清楚，佛老只是他清除心灵污秽（huì）、自我调节的实用手段。身处江湖之远的苏东坡始终怀揣着忧国忧民之心，在写给挚友李常的回信中他道出了自己的一片赤诚："我虽然又老又穷，但大道理一直贯通着我的心肝，忠义也始终填满我的骨髓。"

在实际行动方面，苏东坡虽然被朝廷遗弃，但也依然保持着对家事、国事、天下事的关心。元丰四年朝廷发生了一件大事，北宋和西夏发生了战争，大宋数十万大军惨败。苏东坡听说了这个消息痛心不已，因为自己没有资格给朝廷上书，于是就赶紧给那些身居要职的朋

友写信，提建议、出主意，他明知现在的自己不应轻易臧（zāng）否（pǐ）政治，但士大夫的铮铮铁骨让他没有办法袖手旁观。此后苏东坡也始终关注战事消息，并将自己的心情全部记载在诗文之中。

在处理与民众有关的问题时，他也从来没有把自己摆在高高在上的位置，而是真正地深入群众。他曾说："我虽穷苦不如人，要亦自是民之一。"体会到百姓疾苦的苏东坡曾经找过刺史，想把百姓的遭遇向上反映，然而官府却拒绝接见，气得苏东坡破口大骂。刚刚经历过乌台诗案的苏东坡已经变得非常谨慎，但为了百姓的切身利益他还是破了戒，与官府发生了争执。

北宋时，鄂州、岳州包括苏东坡所在的黄州一带有"溺婴"的陋俗。很多孩子一生下来因为养不活，立马便被按进水盆里淹死，其中以女婴为多。当苏东坡听到溺婴的风俗后急得饭也吃不下了（"闻之酸辛，为食不下"），立马写信给鄂州知州朱寿昌，在信中苏东坡引用相关法律条文以期革除这种恶习，并深入分析造成这种现象的原因。同时在黄州苏东坡也出面筹款以备资助，和朋友古耕道等人创建"育儿会"，带动当地的大户捐钱捐粮，借助官府的力量，严肃律法，终于使此陋俗得到了有效遏（è）止。

苏东坡在黄州期间，黄州还曾经暴发了一场瘟疫。他曾在好友巢谷那里得到过一张可以解瘟疫之毒的秘方，但巢谷告诫他千万不可以外传。然而当东坡看到百姓们的惨状后，他决定做一个"背信弃义"之人，用这个秘方挽救了黄州以及附近地区百姓的生命。后来愧疚的东坡还专门写了一篇《圣散子叙》来表达自己深深的歉意。

我想，作为东坡的好友，巢谷应该会原谅这位始终为民忧心的朋友吧。

在身体和心灵的双重折磨之下，黄州时期，佛老思想成为苏东坡重要的处世哲学，这些思想使他时而呈现出逃避现实的消极倾向，时而又呈现出知足保和、乐观旷达的人生态度。但苏东坡并没有沉溺在佛老思想之中，他只是取其所需以保持自己达观的人生态度。他依然有经世济民的儒家情怀，仍不改对时弊"托事以讽"的作风。

来自朝堂的牵挂

从乌台诗案来看，宋神宗仿佛是一位听信谗言的昏君，他不分青红皂白地将苏东坡囚禁，又因为要维护自己的形象而放过苏东坡。但评价一个人，尤其是一位手握生杀大权的帝王，绝对不能片面观之，这位坐在宝座上的皇帝也有自己的无奈。当神宗将苏东坡贬谪后，他也常常怀念苏东坡的文才。有一日，神宗与近臣论人才，问："苏东坡可以和哪个古人相对比？"近臣说："他很像李白。"神宗摇摇头说："不，李白只有苏东坡的才，而没有苏东坡的学问。"神宗也时常会想到仁宗皇帝对苏氏兄弟的评价，所以曾屡屡想要起用苏东坡。元丰五年议修国史，神宗主动说："国史大事，可命苏东坡主编。"当时的宰相王珪面有难色，神宗只得说："如苏东坡不恰当，姑且用曾巩一试。"曾巩编成《太祖总论》，进呈，神宗并不满意。

后来神宗又降旨要起复苏东坡以本官知江州，但蔡确、王珪等近臣又再次阻挠，借故拖延，使得苏东坡一直未能被起用。

元丰六年，苏东坡的眼疾十分严重，几乎失明，所以有很长一段时间没有出门。这年六月二十日，曾巩卒于临川，有谣传说苏东坡也同时仙逝。宋神宗听说这个消息后连忙询问苏东坡的同乡兼姻亲左丞蒲宗孟，蒲宗孟也不清楚具体情况，只能含糊应答。神宗于是以为苏东坡真的不在人世了，便连连叹息，甚至连饭都吃不下，后来才弄清楚苏东坡并未仙逝。虚惊一场的神宗皇帝连忙加紧了起用苏东坡的计划。元丰七年（1084 年）春天，宋神宗没有再和宰辅商量，而是亲自下旨，直接将苏东坡的谪居之地由黄州改为汝州（今河南临汝）。制词中写道："苏轼黜（chù）居思咎，阅岁滋深；人才实难，不忍终弃。"他的心意可见一斑。后来，当苏东坡在元祐党争中苦苦挣扎请求外任时，太皇太后高氏曾召苏东坡入东门小殿，让他起草任命吕公著等人的诏书。两人之间的对话也体现了神宗对苏东坡的赏识和关心。太后问苏东坡："内翰前年任何官职？"苏东坡答："汝州团练副使。"太后问："现在又是什么官职呢？"苏东坡回答："臣如今是待罪的翰林学士。"太后再问："你知道自己为何会骤升吗？"苏东坡规规矩矩地答："是因为太皇太后的鸿恩。"太后说："不关老身的事。"苏东坡再答："那一定是因为当今圣上（宋哲宗）的提拔。"太后摇头，"也不关官家的事。"苏东坡问："是因为大臣的推荐吗？"太后再次摇头，"也不关大臣的事。"苏东坡大惊，郑重回道："臣虽然无能，但也绝对不会通过不正当方式获得晋升。"

太后笑说："这是神宗皇帝的遗意。神宗皇帝常常在吃饭的时候看大臣们的文字，当他看得停下筷子不动的时候，内监们就知道定是苏东坡写的什么。他又常常称道：'奇才，奇才。'只是不幸未及正式起用学士，就去世了。"可见宋神宗是真心欣赏苏东坡才能的，只是皇帝的无奈与世事的阴差阳错，使两人错过了。

苏东坡离开了黄州。而黄州也在中国文化史上永远和他联系在了一起，他的诗词文的创作，在黄州都达到了巅峰级别的水准。黄州虽然是他的贬谪之地，但对他的思想与作品都产生了巨大影响。东坡从海南北返，在金山时自题小像，作偈（jì）曰："心似已灰之木，身如不系之舟。问汝平生功业，黄州惠州儋（dān）州。"可见黄州是东坡心中十分牵挂的地方。

谈笑有鸿儒，往来有白丁。

化用唐代刘禹锡的《陋室铭》中"谈笑有鸿儒，往来无白丁"一句。此文写于刘禹锡任和州通判期间。知县见刘禹锡从监察御史被贬为通判，故意刁难，半年内强迫他搬了三次家，一次比一次简陋，最后竟是一间斗室。但刘禹锡毫不在意，还写了这篇铭文刻在碑上，立于门前，表达自己乐观的心态和高洁的情操。

铭：一种文体，全用骈句。鸿儒：博学之人。白丁：这里指没什么学问的人。

自题金山画像

心似已灰之木，身如不系之舟。
问汝平生功业，黄州惠州儋州。

译文：心像烧成灰烬的木头，身体像没系绳缆的小舟。若问我此生的功业，就是黄州、惠州、儋州。

金山画像：指李公麟所画的苏轼画像，留于金山寺。黄州惠州儋州：贬谪期间，苏东坡在这三个地方生活时间最久。

十三

命运的转折

天下无不散之筵席

从元丰三年二月到元丰七年，苏东坡在黄州度过了将近五年的时间。这期间他战胜了身体和心灵的双重折磨，实现了人格和精神上的双重升华，逐渐适应了在黄州的生活。元丰七年正月，朝廷下达了"改授汝州团练副使，本州安置"的旨意，这个旨意打破了苏东坡平静的生活。与黄州相比，汝州是一个更为富庶的地方，这次任命其实是体现了皇帝的好意。所以无论对黄州有着怎样的不舍，苏东坡还是要领受皇帝的任命。

临行之时，黄州郡的官员和同僚设宴欢送苏东坡，一旁有官伎佐酒。苏东坡才高八斗，这些女孩子们常常向他求诗，苏东坡也来者不拒。这次佐酒的官伎中，有一位娇小美丽却十分害羞腼腆的姑娘，名字唤作李琪，这些官伎中只有她从未得过东坡赐诗。"机不可失时不再来"，李琪借酒壮胆，快步来到苏东坡旁边，取下一条白绢领巾，求他赐诗。苏东坡爽快地答应了她的请求，在白绢上写道："东坡五载黄州住，何事无言及李琪？"苏东坡的性子颇为跳脱自由，诗还没有写完，他就转头和别人聊起了天。李琪急得像热锅上的蚂蚁，但也不敢去问，等到宴席快要结束了，李琪忍不住去他面前请苏东坡完成诗作。苏东坡哈哈大笑道："差点儿忘了。"在后面续写道："却似西川杜工部，海棠虽好不吟诗。"大家看完之后都向李琪道贺，此诗借杜甫的典故，点明自己五年来不为李琪题诗的原因，并将她比作海棠，称赞她高洁的人品，而李琪也因为这首诗在历史中留下了一抹倩影。

元丰七年四月，苏东坡正式踏上了赴任之路，他的第一站是去筠州和弟弟苏辙相见。黄州的邻居和朋友们都前来相送，一行人渡江过武昌，忽然听到隔江传来鼓角声。苏东坡一时情绪激动，对黄州的思念之情满溢于心间，作《过江夜行武昌山闻黄州鼓角》诗：

清风弄水月衔山，幽人夜渡吴王岘（xiàn）。黄州鼓角亦多情，送我南来不辞远。江南又闻出塞曲，半杂江声作悲健。谁言万方声一概，鼍（tuó）愤龙愁为余变。我记江边枯柳树，未死相逢真识面。他年一叶溯江来，还吹此曲相迎饯。

他希望自己有生之年还能再次回到黄州，希望黄州的山川树木还能认得他，这鼓角还能将他迎接。这边的苏东坡忙着离别和上任，朝廷中的政敌也没有闲着。按照惯例，东坡再次给皇帝上了谢表，是为《谢量移汝州表》，摘录如下：

只影自怜，命寄江湖之上；惊魂未定，梦游缧（léi）绁（xiè）之中。憔悴非人，章狂失志。妻孥（nú）之所窃笑，亲友至于绝交。疾病连年，人皆相传为已死；饥寒并日，臣亦自厌其余生。

这份谢表可谓情真意切，神宗读后，对侍臣说："苏东坡可真是奇才！"但朝中还是有人妄图故伎重施，试图从苏东坡的谢表中找出纰（pī）漏。他们指出苏东坡的谢表中含有怨怼之语，如"兄弟并窃于贤科"以及"惊魂未定，梦游缧绁"等语，都是觉得自己只是因为诗词被谴责，本是没有罪的，字里行间毫无悔悟之意。但这时候的神宗皇帝已经非常信任苏东坡了，苏东坡在黄州贬所的悲惨生活及为国为民之心已经深深打动了这位皇帝。神宗静静地看着这些大臣们的"表演"，等他们闹腾够了，缓缓道出一句："朕已经知道苏东坡的忠心，他绝对是一个没有贰心的人。"皇帝坚决的态度使得众大臣面面相觑（qù）。这些政坛老手这次也是有些过于急躁了，神宗皇帝已经亲自过目并当众夸赞过的文章，怎容大臣们再指指点点呢！

寻访庐山，兄弟相见

另一边的苏东坡对这场朝堂上的危机浑然不觉，他正忙着去见自己的弟弟，其他家眷则由长子苏迈带领，到时候在湖口（今江西湖口）会合。陈季常等人一直把苏东坡送到了九江。九江修水的深山间有一条小溪，苏东坡曾经渡过了这条小溪，当地的乡人们以此为荣，所以把这条小溪称为"来苏"。现在江西省九江市修水县还有一个村落，就叫作"来苏村"。当时朝堂的小人们争相构陷苏东坡，恨不得置他于死地，然而民众们却以他为荣，恨不得将苏轼的名字篆刻在每一处他曾驻足过的地方，可见群众的眼睛是雪亮的。

后来苏东坡还和参寥一起寻访了庐山，他对参寥许诺：此行绝对不作诗。然而他刚一上山便破戒作了《初入庐山三首》，然后便一发不可收拾，留下了许多佳作，其中最著名的当属《题西林壁》：

横看成岭侧成峰，远近高低各不同。不识庐山真面目，只缘身在此山中。

这是苏东坡所作的一首著名的哲理诗，在游览自然景色的过程中，他发现并阐明了一个道理：我们从不同的角度只能看见山的不同侧面，也就是说局中人往往是看不清事情全貌的。如果我们想要对事物有更加全面的认识，就需要有全局观念，不自以为是，而是跳脱出来进行多角度的观察。苏东坡也自觉地将理论和实践结合起来，此后他的很多行为也以此理论为指导，尽量保持着清醒与客观。游览完西林寺后，苏东坡结束了庐山之行，继续奔赴筠州。

筠州之会是苏氏兄弟自陈州一别后的第一次相见，两人的心情可想而知。在筠州，兄弟二人度过了一段非常美好的时光。两兄弟的感情非常深厚，而且有意思的是，在两人的相处中，弟弟苏辙其实更像是兄长，常常为苏东坡操碎了心。我们知道苏东坡交朋友从来不分三六九等，和谁都可以相处得十分愉快。他自己曾经说："吾

上可以陪玉皇大帝，下可以陪卑田院乞儿。"然而常言道："害人之心不可有，防人之心不可无。"成熟的"老大哥"苏辙这次见到苏东坡后又再次叮嘱他，结交朋友还是需要进行一些选择的，以免受到伤害。然而天性乐观的苏东坡却说："我见到的天下人没有一个不是好人。"经历过风雨的苏东坡并不是天真到无可救药，而是愿意用自己的真心对待每一个人，即使有的时候代价惨痛、遍体鳞伤，但也可以换来许多情比金坚的真情。也许经过选择的朋友，在身份地位、学识修养上是达标的，但可能缺乏一些其他的可贵品质。

重申完"交友原则"后，苏辙再次劝诫苏东坡一定要谨言慎行，不要再惹出口舌之祸。一旁的苏东坡连连点头称是，仿若接受训话的孩子。又一日，兄弟俩到郊外游玩，苏辙想要和苏东坡闲聊几句，苏东坡却一言不发，指着自己的嘴示意自己不能开口说话，否则会祸从口出。此时的苏东坡已经年近半百，却能做出如此令人捧腹之事，足见其天真幽默的性格。

在筠州逗留了六七日，苏东坡要继续他的赴任之路了。他和苏辙告别时，路过了瑞昌亭子山并在山崖上题字，因而有一些墨汁滴在了竹叶上。据说直到现在，环绕这座山的竹子上，还可以看见叶子上的墨点。景定年间（1260—1264 年），王景琰为瑞昌主簿，为了表达对苏东坡的敬仰和崇拜之情，他将亭子山的部分竹子移栽到厅堂前，并将此堂题名为"景苏"。

金陵之会，一笑泯恩仇

告别弟弟，苏东坡回到了九江，他的家人们在那里等待着他继续东下。当苏东坡行至湖口时，写了一篇颇有哲理的小文《石钟山记》。他对石钟山名字的由来产生了浓厚的兴趣。苏东坡对前人的两种解释都产生了怀疑，并提出了自己的见解，最后得出结论"事不目见耳闻，而臆断其有无"是不可能获得正确认识的，即所谓"没有调查就没有发言权"。

从苏东坡充满哲理的诗文中，我们不难看出，此时的他已经拥有正确的认识论，他认为对世间的万事万物都应该有一个反复认知的过程，并力求客观公正。这一点也体现在他对新法的态度上。曾经的苏东坡对新法基本上持完全否定的态度。然而当他在地方官任上摸爬滚打、深入实践后，他逐渐意识到新法虽然有一些弊端，但也有一些"便民"的方面。带着这些认识，苏东坡与王安石相见了。

元丰七年七月，苏东坡抵达金陵（今江苏南京），已经被罢相八年的王安石在蒋山住处多次接待了他。此时的王安石已经不再是当年的那个"拗相公"了，他穿着山野村夫的衣服，每日骑着毛驴四处闲逛。苏东坡去见王安石的时候也穿着寻常的衣服，并且没有戴帽子。他一见到王安石便道："我今天总算敢穿着平常衣服来见宰相了。"王安石笑着答："这些礼数本就不是给咱们设的。"苏东坡当年与王安石政见不合，虽然他此时年龄已经不小了，但依然保留着少年人争强好胜的意气，于是对王安石说："我知道相公的门下用不到我（所以这些礼数我自然不必遵循）。"几句话直接把王安石说无语了。不过这只是初见面时的小插曲，没过多久两人便开始无话不谈了。当他们谈到目前朝堂的局势时，苏东坡激励王安石应该出面阻止吕惠卿施行的一些不当措施，比如对西夏连年用兵等行为，王安石也表示同意。同时王安石也十分欣赏苏东坡的才华，请他重修《三国志》。此时的王安石虽然疾病缠身，但仍然坚持陪苏东坡谈天说地、游玩赏乐，并多次邀请苏东坡留在金陵做自己的邻居。两位曾经在政坛上针锋相对的风云人物，终于在金陵冰释前嫌。这就是优秀政治家的魅力，他们有自己坚持的政治立场，但也都始终抱有"为国为民不为己"的政治理想，因此也会真正地欣赏对方。王安石在苏东坡走后的第二年便离开了人世。曾经，王安石在乌台诗案时说出了极具分量的话，救了苏东坡一命。后来，苏东坡也在王安石生命的最后一段时间，给了他陪伴和温暖。两位风云人物的笑泯恩仇给冰冷的文字记载增添了许多温情的色彩。

在金陵时，苏东坡还经历了一次丧子之痛。他和小妾朝云所生的十个月大的儿子不幸夭折，朝云伤心欲绝，此后再也没能孕育子女。纵然苏东坡再乐观旷达，老来丧子之痛仍然使他遭受了很大的打击。

身如浮萍，命运转折

在朋友们的帮助下，苏东坡终于在常州东南的宜兴找到了合适的田地，于是他向朝廷上书请求常住常州。然而由于朝廷一直没有批复，苏东坡只能继续向汝州行进。元丰七年年底，苏东坡到达了泗州（今江苏盱（xū）眙（yí））。在这里，他又差点儿因为自己的作品得罪了人。有一天晚上，泗州太守刘士彦和苏东坡一起走过长桥，苏东坡觉得心情很好，于是词兴大发，作词云："何人无事，宴坐空山。望长桥上，灯火乱，使君还。"第二天太守看见这首词，吓得冒了一头冷汗，立马去拜访苏东坡，说："我知道您作新词了，但是您的影响力太大了，如果这首词传到京师，咱们俩就完蛋了！"原来根据法律规定，在泗州，夜里过长桥的人会被判处两年徒刑，而这位太守知法犯法，说不定会受到更严重的惩罚。苏东坡苦笑，叹道："我苏东坡一生罪过，一开口所要受到的惩罚就在两年徒刑以上了。"

元丰八年（1085 年）二月，朝廷终于批准了苏东坡的请求，准他"常州居住"。苏东坡的心情完全放松了，他觉得自己的好日子终于要来了。然而没过多久，他就再次收到了朝廷的任命，这次派他以朝奉郎起知登州（今山东蓬莱）。此时的苏东坡已经有些厌倦宦海浮沉了，但皇命难违，并且他心中也是想要为国为民做出一些贡献的，于是他启程奔赴登州。奔波辗转了近四个月，苏东坡终于在十月十五日到达登州。然而他到任才几天，就又接到了新的任命：以朝奉郎知登州苏东坡为礼部郎中，于是苏东坡又匆匆奉调赴京。这段时间的苏东坡犹如一叶浮萍，在朝廷任命下四处漂泊奔走，他的命运也随之发生转折。而调任如此频繁的原因是，元丰八年三月五日神宗驾崩，哲宗即位，太皇太后高氏摄政。这位太皇太后一直是旧党的支持者，她立马将司马光任命为门下侍郎（相当于副宰相），而一直被认为是"旧党"的苏东坡等人也受到了提拔，相继调任回京。一朝天子一朝臣，一年的时间太多事情发生了改变，苏东坡从一位戴罪的黄州老农跃升成了炙手可热的礼部郎中，接下来等待他的又会是怎样的命运安排呢？

才高八斗

出自《南史·谢灵运传》："天下才共一石，曹子建独得八斗，我得一斗，自古及今共用一斗。"意思是天下文才总共十斗，曹子建一人就得八斗，而谢灵运得一斗，古今其他人共分一斗。一石，相当于十斗。后人用这个成语形容一个人文才出众。

炙手可热

意思是温度很高，一靠近就觉得烫手。比喻地位尊贵，权势盛大，现在也指热度很高，受人追捧和喜爱。

出自唐代杜甫的《丽人行》："炙手可热势绝伦，慎莫近前丞相嗔。"

十四

玉堂清贵人（上）

直上玉堂

元丰八年三月，支持新法的宋神宗去世，十岁的幼子哲宗赵煦继位。英宗妻子、神宗母后高氏以太皇太后垂帘听政，高太后有"女中尧舜"之称。刚开始摄政，她便起用司马光为门下侍郎，而曾经在神宗朝遭到排斥打击的守旧派人物纷纷上台，政局发生逆转。这年十月，苏东坡从登州入京后便被任命为礼部郎中，入京才半个月又转起居舍人（皇帝侍从官，掌宫廷记注和机要政务）。这种快速升迁让苏东坡诚惶诚恐，连连请辞。然而苏东坡还在不停上升，直至他此生的政治巅峰。元祐元年（1086年）三月，又有新旨意下达，特诏苏东坡免试为中书舍人。中书舍人这个职务，不但是宰相的属官，而且例兼"知制诰"，常常要代替皇帝草拟诏书。如此重要的职位，历来都是要先经过考试才能任命的，从宋朝建立以来只有陈尧佐、杨亿、欧阳修三人免试入选。然而成为第四人的苏东坡并没有那么高兴，他害怕自己这不合规矩的晋升会成为政敌们攻击他的借口，于是屡次请辞，但都没有获得批准。

没过多久，元祐元年八月苏东坡又晋升了，这一次他终于做到了文臣中的清贵之职——翰林学士。这个职位也兼"知制诰"，一般都是由最有名气的学者担任，职位清贵，且易于向上晋升，往往距离"宰相"只有一步之遥。翰林学士院设在宫禁内，非内臣宣召，不得入内，素有"玉堂"之称。苏东坡任翰林学士期间常常住在内廷，完成诏书的起草工作，他曾写有"玉堂孤坐不胜清，长羡枚邹接长卿"，以及"玉堂清冷不成眠，伴直难呼孟浩然"等诗句，同时他还曾自称为"玉堂仙"。

元祐二年（1087年）七月，苏东坡又兼官侍读，基本上相当于皇帝的老师。此时哲宗年纪尚小，苏老师非常忠于所职，常常精心挑选历史故事作为教材，寓教于乐，与小皇帝相处得很是愉快。此时的苏东坡真是有着烈火烹油、鲜花着锦之盛。

满肚子"不合时宜"

然而骤然得到的高官厚禄并不能将已经拥有独立人格的苏东坡驯化成愚忠的机器，他始终坚持着自己为国为民的政治理想，保持着相对冷静客观的政治眼光。司马光当政之后，打起"以母（高后）改子（神宗）"的旗号，以雷霆手段迅速废除新法，使一切回到熙宁以前的原样，这就是所谓的"元祐更化"。以下是司马光废除新法的时间表，其速度可见一斑：

元丰八年七月废保甲法；

元丰八年十一月废方田法；

元丰八年十二月废市易法、保马法；

元祐元年闰二月废青苗法。

可是，司马光等人不分青红皂白地全盘否定和废除新法，不仅让支持新政的章惇等人十分不满，也让苏东坡、范纯仁等较为客观冷静的旧党十分担忧。元祐元年，苏东坡和司马光就免役法的存废问题展开了激烈的争论。在外任期间，苏东坡已经深刻体会到免役法比差役法更为完备。但任凭苏东坡如何论辩，司马光仍然坚持己见。争论后的苏东坡回到家中，气愤地立马卸下头巾，口中连连大呼："司马牛！司马牛！"这位"司马牛"是孔子的一位弟子。此人与司马光同姓，善于言谈但性子急躁。一向敬重司马光的苏东坡也忍不住借此来抒发自己的愤懑（mèn）。

在王安石执政变法时，苏东坡便与新党政见不合，现在风水轮流转，转到旧党执政，苏东坡还是与执政意见不合，这真是很纠结的局面。有一日东坡退朝后，吃完饭，揉着肚子消食，问周围的人说："你们说说看，我肚子里装的是什么？"一个婢女率先答："是满肚子的文章。"东坡摇头。又有一个人说："是满肚子的见识。"东坡又摇了摇头。这时朝云开口了，她说："学士有一肚子的不合时宜。"说完大家都捧腹大笑。当时苏东坡能够得到迅速提升，与司马光等人的得势是分不开的，但苏东坡没有见风使舵，没有卑躬屈膝，他这满肚子"不合时宜"正是因为他怀揣着一颗为国为民之心。他总会直言不讳（huì）地指出当权者的纰漏，总会毫不犹豫地坚持自己所相信的真理，这是士大夫的风骨与坚守，也是苏东坡的人格魅力所在。

党争又起，心力交瘁

元祐元年九月，司马光去世了。大家可能以为朝堂的争斗可以告一段落了，然而自古政治斗争都是一波未平一波又起。而且因宋朝重文，所以文官系统向来十分芜杂，京官之位更是求之不易，大家常常挤破脑袋只为那一席之地。苏东坡的骤然提升以及他开口不饶人的性格，注定了他在京的日子不会太平。

这天，官员们参加完明堂庆典后要去祭奠司马光。程颐表示反对，他指出《论语》有云："子于是日哭，则不歌。"一天之内"又歌又哭"与古礼不合。苏东坡于是嘲笑程颐说："此乃枉死市叔孙通所制礼也！"这句话中的"枉死市"是北宋当时流行的俗语，即"白白斩死于市"。叔孙通则是秦汉时期一位反复无常的官吏，他曾经是秦朝官吏，后来投靠项羽，最后又跑到刘邦手底下，并且为汉朝制定朝庙典礼。这句话虽短小但杀伤力极大，将固守礼教的程颐比作了叔孙通一样阿（ē）谀（yú）奉承的小人，惹得大家哄堂大笑。苏、程二人由此结下了梁子。程颐是洛阳人，是著名的理学大师，以他为首的一派官员被称为"洛党"，苏东坡、苏辙兄弟是四川人，以他们二人为首的一派被称为"蜀党"。这两党之间的争斗被称为"洛蜀党争"，这件事也被视为"洛蜀党争"的开端。

又一日国忌，程颐要提供素食，苏东坡却问："先生不信佛，为什么要吃素呢？"程颐再次掉书袋，说："《礼记》中说居丧不饮酒，不食肉。忌日，是居丧的延续。"苏东坡不以为然，依旧准备了肉食，像秦观、黄庭坚等所谓的"蜀党"就都跟随他去吃肉食。

苏东坡的这一做法可谓当众唱反调，像苏东坡这般不留情面地对着干，实在有些幼稚，但也正显示出他的真性情，所谓"性不忍事，如食中有蝇，吐之乃已"。口无遮拦、不被束缚的性格决定了他虽然才高八斗，但并不是那么适合"刀光剑影"的朝堂。

老师被当众落了面子，程颐的弟子们自然不会善罢甘休，很快"洛党"便组织起一次又一次的进攻。元祐元年十一月，苏东坡为试馆职出了一道"师仁祖之忠厚，法神考之励精"题，这道试题实际上准确概括了仁宗、神宗两朝施政方针的不同特点。但"洛党"的朱光庭等人却断章取义，认为苏东坡的试题是"谤讪（shàn）先朝"而加以弹劾。太后看到弹劾，采取了置之不理的态度，"洛党"众人却穷追猛打，不断地上书。太后只能站出来，说："老身已经仔细阅读过了，这篇文章是针对今日百官有司来说的，不是讥讽祖宗。"

太后亲自下场，这件事便告一段落了。但"洛党"并没有偃旗息鼓，在贾易的带领下"洛党"继续进行疯狂的攻击。而当时更为强大的实力派"朔党"也对苏东坡反对司马光等行为十分不满，他们害怕如果苏东坡真的当上了宰相，会对自己的政治地位产生威胁，于是也加入了这场混战。最终弹劾苏东坡的折子像雪花般飞入太后

手中。曾经经历过乌台诗案这般重大政治争斗的苏东坡，也感到力不从心，他觉得现在朝堂的政斗甚至比当年的乌台诗案还捕风捉影。而且弹劾他的人中还有许多是他曾经的好友，对于苏东坡这样重情重义的人来说无疑是如芒刺在背。

清贵生活

无穷无尽的党争使苏东坡身心俱疲，然而这几年的翰林学士生涯也是有其快乐所在的。首先是苏东坡一家人的生活条件得到了极大提高。以前苏氏兄弟分散在不同的地方为官，很久才能见上一面。现在他们都为京城大员，住所都在皇城附近，可以常常相见，兄弟二人感情也变得更好了。

另外，苏东坡的知名度急速提高，获得了全国上下的追捧。他的诗词从乌台诗案时需要销毁的罪证变成了人们口耳相传的佳作，甚至于他独具特色的长筒帽也被命名为"子瞻样"，被看作是才学的象征。同时苏东坡的声名也远播境外。元祐元年十二月，辽国派使者耶律永昌、刘霄来庆贺太皇太后的诞辰，诏以狄咏（狄青之子）、苏东坡为"馆伴"。辽是宋朝最大的外患，馆伴需要承担外交和防谍的双重任务，苏东坡表现得处处谨慎。

宫廷赐宴回馆时，苏东坡骑的那匹马失足小蹶，使者刘霄立即过来慰问道："您受惊了，有没有受伤？"苏东坡镇定自如地回答：

"虽然出了一些小失误，但并没有受伤。"在辽国使臣面前苏东坡保持着上国大臣的风度，赢得了一致好评。

后来辽国使者还企图试探苏东坡的文学水平，他们出上联"三光日月星"要苏东坡来对。辽国使者自鸣得意地认为这是一个不可能完成的任务。因为数量词一定要用数量词来对，上联用了个"三"字，下联就不应重复。而"三光"之下只有三个字，所以无论用哪个数量词来对，下面跟着的字数不是多于三，就是少于三。然而大文豪苏东坡略一思索，便对出了下联——"四诗风雅颂"。"四诗"只有"风、雅、颂"这三个名称。但是《诗经》中"雅"这一部分，又分为大雅和小雅，恰好完美对上。辽国使者似乎还有些不服气，而接下来苏东坡的一系列举动便让他们心服口服。苏东坡略加思索又补上三联，其一：一阵风雷雨；其二：两朝兄弟邦；其三：四德元亨利。辽使问道："《周易》里乾卦的四德应该是'元、亨、利、贞'啊，怎么少了一个字呢？"苏东坡答："最后一字是先皇圣讳，臣不能随口念出。"先皇宋仁宗名叫赵祯，祯和贞同音，需要避讳，这也成全了这个对子。这下在辽人心中苏东坡简直成了"学神"般的存在，就好像遇到一道你以为连答案都不可能有的题目，可你的同学不假思索便给出了好几种合理的答案，这巨大的冲击力真是令人永生难忘。

还有一次，苏辙出使辽国，人们见到他都询问他大苏（苏东坡）是否安好，辽人的关怀也让苏辙感动不已，写下"谁将家谱到燕都，识底人人问大苏"的诗句。此后若干年，苏东坡的门生张舜民也奉命出使辽国，见宿州馆中有题苏东坡的《老人行》于壁间，范阳书肆有《大苏小集》刻苏东坡诗数十篇，可见辽人对苏东坡人格和作品的由衷欣赏。

司马牛之叹

《论语·颜渊》记载，司马牛忧愁地说："别人都有兄弟，而我却没有。"子夏说："我听到有这样的说法：生死有命，富贵在天。君子只要认真谨慎不出现错失，对人恭敬合乎礼仪，那么，天下人都会像兄弟一般亲近你。君子怎么会忧愁自己没有兄弟呢？"

江神子·恨别（节选）

隋堤三月水溶溶。背归鸿，去吴中。回首彭城，清泗与淮通。欲寄相思千点泪，流不到，楚江东。

这首词作于元丰二年，苏东坡由徐州调至湖州途中。

隋堤：指汴河的堤岸，因建于隋朝，故称。背归鸿：因徐州在北，湖州在南，这里苏东坡三月从徐州出发，南下湖州，而大雁春天北归，因此说是"背归鸿"。彭城：指徐州，是汉高祖刘邦的家乡。泗：指泗水。淮：指淮河。楚江：即泗水。

临江仙·送钱穆父（名句）

人生如逆旅，我亦是行人。

译文：人生好像一间间旅舍，我也不过是其中一个暂居此处的过客罢了。

这是一首赠别词，写于元祐六年（1091 年）。老友钱穆父途经杭州，来拜访苏轼，而此时，苏轼也即将离开杭州，因而写此词赠行。

逆旅：旅舍。

惠崇春江晚景二首（其二）

两两归鸿欲破群，依依还似北归人。
遥知朔漠多风雪，更待江南半月春。

这首诗是苏轼为僧人惠崇所画的《春江晚景》创作的组诗之二，亦作"春江晚景"。虽不如第一首为人所熟知，但其中描写的归雁生动、形象，赋予了其人的情感，颇有新意。

玉堂清贵人（下）

苏门学士

苏东坡巨大的影响力及人格魅力使得许多有识之士聚集在他的身边，其中最著名的莫过于"苏门四学士"。

苏东坡继欧阳修之后主盟北宋文坛，与欧阳修一样，他也以发现和提携文学新人为己任。早在元丰五年，谪居黄州的苏东坡就在《答李昭玘书》中提到了"苏门四学士"："每念处世穷困，所向辄（zhé）值墙谷，无一遂者。独于文人胜士，多获所欲，如黄庭坚鲁直、晁补之无咎、秦观太虚、张耒文潜之流，皆世未之知，而轼独先知之。"这大约可以算作"苏门四学士"并称之始。晁补之从小就把苏东坡当作自己的偶像，他曾经两次上书苏东坡。第一次时，他的思想稍显稚嫩，未能得苏东坡青眼相加。但晁补之没有气馁（něi），而是不断加强自身修养，努力钻研。他的第二次上书终于赢得了苏东坡的关注，也成了最早拜入苏门的弟子。张耒原来是苏辙任陈州教授时的门生，张耒入苏门是先为少公之客，再为长公之徒。（当时人们称苏东坡为"长公"，苏辙为"少公"。）两人第一次见面应该是在熙宁四年，文字交往则从熙宁八年开始。黄庭坚应该是苏门弟子中最为知名的一位，他的舅父李常、岳父孙觉（字莘老）都是苏东坡至交。早在熙宁五年两人便已相识，但到元丰元年的二月，黄庭坚才上书苏东坡正式确立师生名分。黄庭坚只比苏东坡小九岁，他最终决定拜苏东坡为师，应该是经过深思熟虑后才做的决定。秦观也是苏门弟子中知名度较高的一位，元丰元年，在李常的介绍下，苏东坡和秦观初次会面。苏东坡此前已经对秦观其人其文有所了解，这次一见十分投缘，于是隆重地接待了秦观并且以师徒之礼相待（"丰醴（lǐ）备乐，如师弟子"）。

苏门四学士深得苏东坡的喜爱和提携，每次他们到苏家，苏东坡都是以上好的密云龙茶招待他们。苏门之人各有所长，苏东坡也十分鼓励门人保持自己的创作个性，发展独特的文学风格。晁补之的词风是四学士中与苏东坡最为相近的；张耒擅长诗歌，主要学习白居易和张籍，他是四学士中写作关怀民生疾苦诗歌最多的一位；黄庭坚擅长写诗歌并且醉心于楚辞；秦观更加擅长议论，除此之外，他还是一位才华横溢的词人，他的婉约词写得真挚细腻，著名的词有《满庭芳·山抹微云》。苏东坡十分欣赏秦观的词，并亲切地称呼他为"山抹微云君"，但有时他也会直言不讳地指出少游的词在"气格"上有所欠缺。元祐元年，秦观在京拜谒苏东坡。一见面，苏东坡便说："没想到我们分别后，你却学柳七作词。"柳七指的是柳永，柳永与苏东坡分属婉约与豪放一派，苏门学人普遍认为柳词格调低下。秦观连忙否认道："我虽然没有学问，但还不至于做这种事。"苏东坡便问他："销魂当此际，还不像柳七的口吻吗？"苏东坡又问他最近做了什么词，少游举了一阕新作，中有"小楼连苑横空，下窥绣毂雕鞍骤"两句。苏东坡说："用了十三个字，只说得一个人骑马楼前过。"苏东坡用秦观写的词句将他教育得心服口服。

苏东坡悉心指点学生的诗文作品，而他的弟子们也会比较客观地评价他的作品，形成了教学相长的良好师门氛围。有一日，苏东坡拿着自己新作的小词给晁无咎、张文潜看，并询问他们："我的词和秦少游比起来怎么样呢？"两位弟子答道："少游诗似小词，先生小词似诗。"准确地指出了苏东坡和秦观诗词的特点。又一日，苏东坡在写《富郑公神道碑》的时候，将写好的初稿给张耒看，张耒也给苏东坡当了一次"一字师"。他将神道碑中的一个"能"字改成了"敢"字，苏东坡深以为然，大为激赏。

苏东坡、黄庭坚、米芾、蔡襄是宋代的书法四大家，苏东坡也曾经和黄庭坚论及书法。东坡指出，黄鲁直的字虽然很是清劲，但笔势过于瘦，像树梢上挂的蛇。黄庭坚虽为弟子，但也毫不避讳地指出老师的毛病："您的字我固然不敢轻易议论，然而有的时候会觉得有些褊（biǎn）浅，很像石头压住的蛤蟆。"两人也曾互相评价过对方的诗文，苏东坡说他的诗文如蝤（yóu）蛑（móu）、江珧（yáo）柱，格韵高绝，但不能多读，像海鲜不能多吃。黄庭坚则说："盖有文章妙一世，而诗句却比不上古人。"虽未点名道姓，但很明显指苏东坡诗不如文。苏黄二人分别指出了对方的不足之处，但都没有恼羞成怒，而是开怀大笑，有师有友如斯，夫复何求？

除了文学上的交往切磋，在政治上四人也与苏东坡同进退。元祐元年十一月，苏东坡主试馆职。宋制，凡除馆职，必须进士及第并且符合一定的年资，经大臣举荐，学士院考试合格，才能授予。前面提到，"洛党"众人曾拿苏东坡所出试题大做文章使他心力交痒。然而值得欣慰的是，正是这次考试将黄庭坚、晁补之、张耒等人都选拔了出来，并擢（zhuó）馆职。黄庭坚迁著作佐郎，加集贤院校理，张耒、晁补之并迁秘书省正字。秦观因资历不够，这次暂时还未入馆授职。但他们后来都做到三馆检校以上的职务，所以才有"苏门四学士"之称。

苏门弟子中还有两位值得称道，他们和"苏门四学士"合称为"苏门六君子"。一位是陈师道，字履常，一字无己，又号后山居士。他先由苏东坡等人一起举荐，成为徐州教授，后由梁焘（tāo）举荐，到京城做了太常博士，和苏东坡交往十分密切。不过陈师道自言他师承的是曾巩，后来他与黄庭坚共为江西诗派的宗师。另一位是李廌（zhì），字方叔，在苏东坡因为乌台诗案被贬黄州时，年轻的李廌就带着文章来拜见他。东坡看完文章后十分欣赏，他给李廌的评语是这样的："这个小伙子妙笔天成，笔墨里有飞沙走石之势。"李廌的家中十分贫寒，在他六岁的时候父亲便去世了，他的许多家人都没能被好好地安葬。所以年轻的李廌每天都在四处奔走，筹集钱款安葬亲人。我们都知道苏东坡被贬黄州时期，生活也很拮据，但他还是给予了李廌很多帮助，甚至把别人借给他的钱又转借给了李廌。有了苏东坡等人的赏识和帮助，经过几年的努力，李廌终于将三十多位亲人安葬妥当，开始闭门读书。

元祐三年（1088 年），三十岁的李廌终于解决了后顾之忧，第一次参加了科考。而苏东坡正好是这次科举的主考官。按理说李廌才学很高，且有恩师护航，自当金榜题名。但命运常常喜欢开玩笑，

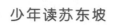

众望所归的李廌竟然落榜了。当时许多人都十分惋惜，宰相吕大防就感慨道："有司主试才艺，竟然遗失了这一奇才啊！"苏东坡自然也很失望，他送给了李廌一首诗：

与君相从非一日，笔势翩翩疑可识。平生谩说古战场，过眼终迷日五色。

大意是说，自己和李廌认识这么久了，对他的文章风格本应该很熟悉了，却还是阴差阳错地和他的文章错过了。而此后，李廌无心于科考，成了"苏门六君子"中唯一一个以平民身份终老的人。

苏门弟子学问精深，诗词文俱佳，一时之间，风头无两，对北宋文学的发展起到了重要的作用。但因他们与苏东坡的师生关系，在苏东坡遭到政治打击时，也受到很大牵连，后来也在宦海浮沉中备受折磨。

祸从口出，党争升级

党争之祸避无可避，但苏东坡也确实是一位嘴上不留情之人，经常一不小心便得罪了人，使自己在漩涡中越陷越深。

顾临（字子敦）与苏东坡是同年进士，两人有长达三十年的交情。元祐元年顾临在京为给事中，元祐二年，朝廷要派他出京做河北都转运使，苏东坡上书称他"慷慨中立，有古人风，宜置左右"。然而朝廷没有采纳苏东坡的意见，顾临只得走了。本来苏东坡上书为他求情，可以称为雪中送炭，但他却因为一首送别诗彻底得罪了这个老朋友。顾临是个胖子，很爱睡觉，朋友们常常取笑他体貌酷肖卖肉的屠夫，公然叫他"顾屠"。平时朋友戏谑几句，顾临可能不甚计较，但苏东坡竟然在送别诗中公然开起朋友的玩笑，作《送顾子敦奉使河朔》："我友顾子敦，躯胆两俊伟。便便十围腹，不但贮书史。……磨刀向猪羊，酾（shī）酒会邻里。归来如一梦，丰颊（jiá）愈茂美……"顾临本来就因外任心情不好，看见此诗更是生气。到朋友们公饯顾临那一天，苏东坡自知闯了祸，称病不敢参加，并次前韵作诗道歉说："……后会知何日，一欢如覆水。善保千金躯，前言戏之耳。"

苏东坡与刘攽（bān）（字贡父）也是惯常彼此嘲谑的朋友。有一天，刘攽说了个故事，说有一老父送一败子出外游学，临行告诫曰："有一事不可不记，如果有友与你唱和，一定要仔细看，不要轻易和诗，狼狈而归。"这是嘲笑苏东坡在诗狱案中连累了很多朋友。后来贡父晚年身患风疾，须眉皆落，鼻梁断塌。苏东坡得到机会立刻还他一个故事，说颜渊、子路同出市中闲逛，遥见孔老夫子来了，赶紧藏在路边一座塔后。孔子离开后，颜渊问子路："这是什么塔？"子路说："这叫避孔子塔（'鼻孔子塌'谐音）。"又有一天，几个朋友聚在一起小酌，各引古人语相戏。苏东坡又嘲弄贡父道："大风起兮眉飞扬，安得壮士兮守鼻梁。"被苏东坡多次戏谑的刘攽

非常生气。

在中书时，苏东坡与司马门人刘安世（字器之）共事。安世是一个熟谙典章的官僚，每遇苏东坡处事逾越分寸时，他都会一本正经地拿出典故来说教。苏东坡气不过常常在背后骂："何处把上曳（yè）得一个'刘正言'来，知得许多典故！""把上"是农人乘以耕田的工具，相当于现在骂人为土包子的意思。安世听得此话说："子瞻是怕典故的，但如果任他凭才气而变乱故常，是不可以的。"

也有一些好友告诫苏东坡不要总是这般口无遮拦，其中以范祖禹为首。每次范祖禹见到苏东坡都会非常认真地劝诫他，然而苏东坡倒好，每次与人说过戏言，便要求他们不要让范十三（范祖禹排行十三）知道。苏东坡做出这种孩子气的行为不是一次两次，实在难以想象这是一位半百高官所为。无论如何，我们最好不要学苏东坡，不管和谁开玩笑还是聊天，都要注意场合和分寸，正所谓"良言一句三冬暖，恶语伤人六月寒"。

对待朋友尚且如此，对待政敌苏东坡更是不留情面。吕惠卿责降为建宁军节度副使，建州安置。命令始下中书，按照轮值次序，这次该由刘攽草制制词。苏东坡在一旁大嚷道："贡父平生做刽子手，今日才得斩人。"贡父知道苏东坡有一肚子的积愤，所以推说身体不舒服，趁机溜走。苏东坡就把这件公事接过手来，痛快淋漓地历数吕惠卿的罪恶。他的一支妙笔引经据典将吕惠卿狠狠地批评了一顿。虽说苏东坡是出了一口恶气，众人也拍手称快，但朝堂上最忌意气用事，这也为后来各派对他群起而攻之埋下了伏笔。苏东坡

的门人毕仲游也怕他再惹灾祸，屡屡致书恳切劝谏。毕仲游是苏东坡主持馆职试中，以第一名入选的高材生。然而苏东坡生来心直口快，而且有时在政治上也较为幼稚，虽然他满口答应弟子的劝谏，但还是会被有心之人当枪使，举步维艰、后患无穷。

元祐三年五月，党争已经愈演愈烈，此时的程颐也已经不想再深陷于党争的漩涡中，于是多次请求去职还乡，最终他回到了家乡，继续钻研他热爱的学问，并为弟子讲学。苏东坡和程颐在各自的领域都取得了巨大成就，他们二人一位放荡不羁爱自由，一位循规蹈矩治学问，二人本无优劣高下之分，只是个人追求与性格不同而已。如果东坡有机会见到在家乡治学的程颐，应该也会像与王安石一样一笑泯恩仇吧。

"洛党"树倒猢狲散，具有极高政治素养的"朔党"便将矛头全部对准了苏东坡及与他私交深厚的门人和朋友。苏东坡不堪再在党争的泥沼中挣扎，便多次上书，请求朝廷给他"不争之地"。这年十月，他又借臂疾和眼疾再次上章，并且请了病假不再去上班。然而太皇太后还是没有放他走，只是不断派人问疾，赐药赐膳。无奈的苏东坡只能再次回到玉堂，因为他明白太皇太后的良苦用心，也感动于她对自己的照拂，他写诗一首表达自己的感情：

微霰（xiàn）疏疏点玉堂，词头夜下揽衣忙。分光御烛星辰烂，拜赐宫壶雨露香。醉眼有花书字大，老人无睡漏声长。何时却逐桑榆暖，社酒寒灯乐未央。

　　太皇太后的挽留使苏东坡只能勉强支撑，然而心力交瘁的他始终没有放弃外任的想法。元祐四年（1089 年）三月，经过不断地请求，苏东坡终于获准出知杭州，以龙图阁学士出任浙西路兵马辖知杭州军州事。持续的党争，给苏东坡的生活蒙上了浓重的阴影，现在他终于可以去杭州的青山绿水间得到身体和心灵的双重放松了。

雪中送炭

指在寒冷的大雪天给人送来木炭取暖。比喻向处在困难中的人伸出援手。出自宋范成大的《大雪送炭与芥隐》："无因同拨地炉灰，想见柴荆晚未开。不是雪中须送炭，聊装风景要诗来。"

过大庾岭（节选）

一念失垢污，身心洞清净。浩然天地间，惟我独也正。今日岭上行，身世永相忘。仙人拊我顶，结发授长生。

译文：在一念之间污垢都没有了，身心变得格外清净。辽阔的天地间，只有我是正直的。今天经过大庾岭，忘记过去的一切。仙人抚过我的头顶，告诉我长生的秘密。

大庾岭：在江西与广东交界处。拊（fǔ）：抚摸。结发：束发，古代男子二十岁束发而冠，女子十五岁束发而笄，此处指成年。

十六

重到杭州

新官上任三把火

不堪党争折磨的苏东坡听到自己将要出守杭州的消息时，内心是十分轻松和愉快的，他作《病后醉中》一诗，表达了自己的心情：

病为兀兀安身物，酒作蓬蓬入脑声。堪笑钱塘十万户，官家付与老书生。

钱塘的青山绿水都在召唤着东坡，按照惯例，心情愉快的苏东坡相继和朝中好友告别。因前不久朝廷又发生了因诗治罪的"车盖亭诗案"，老友文彦博等人多次叮嘱苏东坡到杭州少作诗，别再被有心人利用诬陷诽谤。行至南都（今河南商丘），苏东坡又去拜见恩师张方平，并在那里陪伴了他近一个月。此时，受苏东坡举荐的陈师道正任徐州教授，他想要来拜访苏东坡，但是徐州太守不同意。于是陈师道假托生病偷偷跑了过来，他和苏东坡乘舟而下，相谈甚欢，一直行到宿州才返回。因为这件事，陈师道被刘安世弹劾，说他"违法越境"，最终被贬为颍州教授。

元祐四年七月三日，时隔十五年，苏东坡再次回到杭州。十五年光阴荏（rěn）苒（rǎn），他深刻体会到了何为物是人非。然而现在的他没有时间伤春悲秋，因为他此时面对的情况十分棘手，杭州遭遇了严重灾情。这里年初就遭遇了水灾，早稻无法下种，五六月以来又闹旱灾，刚刚种下的晚稻也收成无望。苏东坡一方面请求免去上交的供米，并求赈济；另一方面把官米降价出售，使灾情有所缓和。当时的地方监司常常"报喜不报忧"，苏东坡的状子迟迟没有得到回应，忧心忡忡的苏东坡连忙给太师文彦博、宰相吕大防等人写信，希望得到他们的支持。经过多方呼吁，朝廷终于准许保留上供米的三分之一，在一定程度上缓解了灾情。然而屋漏偏逢连夜雨，第二年的夏收前夕，杭州又遭水灾和风灾，灾情"甚于去年"。苏东坡积极组织抢救，身先士卒，使灾情得到有效控制。

水旱之后往往瘟疫横行，苏东坡筹款在众安桥创置病坊（医院），并且把这座病坊命名为"安乐坊"，由僧人主管。此外苏东坡还派遣官吏分散到各地免费给穷人治病，后来"安乐坊"改名为"安济坊"，是我国最早的一座公立诊所。

赈灾是苏东坡在杭州做的第一件大事，赢得了同僚及百姓的一致好评，他再接再厉，很快烧起了新官上任的第二把火。他在杭州做的第二件大事是疏浚盐桥、茅山两河。这两条河是沟通大运河和钱塘江的要道，把内河航运和海运连成一片。但在涨潮时，海水挟泥沙倒灌，会造成河道淤塞。同时旱灾也使得运河干浅，造成交通瘫痪，货运阻塞。苏东坡组织人力在半年内疏浚两河各长达十余里，深八尺以上。同时，苏东坡还采取了"以工代赈"的办法进行上述工程，将治河与救灾结合起来。

第三把火也与水利有关，是为修理六井、治理西湖。多年前，苏东坡在杭州担任通判期间，曾经整修过钱塘六井以解决人民的饮水问题。这次回来他发现沈公井又淤塞了，而且由于刚刚经历过水旱灾害，没有足够的饮用水源，军民们正处于水深火热之中。于是苏东坡再次去请曾经修整六井的四位和尚出山，然而现在只有一位名叫子珪的师父尚在世间。好在子珪师父虽年事已高，但老当益壮，他将充当水管的毛竹更换为更加耐用的瓦管。一个多月后，井便被重新修好，人们再次喝上了甘甜的水，苏东坡也上奏为子珪请得"惠迁"师号。六井修好了，但为六井提供水源的西湖又出现了问题。早在十五年前，西湖已经有十分之二三被茭白、葑（fèng）草等水草淤满，现在西湖已经淤积一半了。于是苏东坡制定出了周密的治湖规划，并再次采用"以工代赈"的做法。为了解决西湖中大量的葑田（湖水中葑菱积聚处，年久腐化变为泥土，水涸成田），苏东坡在里湖和外湖之间用葑草和湖泥来修筑长堤，既方便了人们的出行，又实现了"废物利用"。苏东坡为长堤的修筑付出了很多心血，有一日他去巡视长堤的修建进度，那天他因为公务繁忙没有吃饭，十分饥饿，于是他拿来工人们的饭菜，盛上一大碗陈仓米饭，狼吞虎咽地便吃完了。

元祐六年，苏东坡的继任知州林希来杭，在堤上题"苏公堤"碑，后人便称此堤为"苏堤"，"苏堤春晓"也成为今天"西湖十景"之一。为了预防西湖再次淤塞，钱塘县尉许敦仁建议将葑田作为菱荡，以一定租额放给民众们种菱，这样的话，民众会在种植菱角之前把水中的葑草等打捞干净。苏东坡同意了这个提议，但他在湖上造小石塔三五处为界，种菱只能在界限内，后来便逐渐演变成著名的"三潭印月"之景。

雅俗共赏，为政一方

苏东坡为国家政事、民生大计鞠躬尽瘁，但同时也保持着自己的风雅本性。他常常会在风光如画的地方办公，案牍劳形之余，也要有美景相伴。在葛岭下面有一个寿星院，院中的寒碧轩和雨奇堂是他最喜爱的办公地点，他常常在绿竹环绕中批阅公文。而有时苏东坡甚至就直接在西湖之上办公，坐一叶小舟任意航行在湖光水色间。这些优美的环境使苏东坡常常"落笔如风雨"，在谈笑游赏中便将各项繁杂事宜处理得当。公事完毕，他还会和幕僚小酌几杯，等到傍晚时分乘马而归，民众常常聚集在道路两侧，争相一睹太守姿容。

东坡实在是一位雅俗共赏的妙人，有时他是那么的雅致，仿佛谪仙人，有时他又是那么的朴素、简率，就好像我们周围的老翁。当年他在湖上督工时就常到祥符寺琴僧惟贤的房间去休息。一进屋便马上脱巾脱衣，躺在榻上露出大腿，叫虞候（侍仆）替他抓痒，他的头上也不戴什么精美的头巾，只用一根麻绳压发，全无半点雅致模样，不免让人想起魏晋名士的纵情肆意。

除了前面我们已经提到的新官上任的三把火，在日常的大事小

情中，苏东坡也展现了他的吏治才能。浙西诸郡每年都要将丝织绢运送到京城，供中枢配给军公人员使用。近些年来，民间故意织造劣绢，蒙混过关。苏东坡命令官吏认真挑选，然而纳绢的民户二百余人却发生了骚乱，同时拥入州衙。东坡一面安抚他们，一面迅速做出判断，揪出了背后的煽动者——颜章和颜益两兄弟。东坡立马下令将颜章、颜益逮捕送到右司理院（法院）勘查。幕后元凶被逮捕了，从此缴送的就都是好绢了，也没有人敢再生事了。东坡却不想这样轻易地放过作恶之人，他通过继续追查发现，颜章、颜益以及他们的父亲颜巽（xùn）都是为祸一方的恶霸，颜巽已经通过装病逃过多次责罚了。

然而这次事故，归根结底只是触犯税法，所以右司理院只能予以行政处分。苏东坡认为这样的社会恶霸，实在不能姑息，于是将颜巽父子"法外刺配"（脸上刺花并充军）。结案之后，苏东坡自知违法，于是上《奏为法外刺配罪人待罪状》阐述了自己的判罚理由，并待罪。朝中御史论苏东坡为违法，尤以贾易攻击得最为猛烈。朝廷无奈，一面诏许苏东坡"放（免）罪"，一面将颜巽等人也放了。然而朝廷虽已放罪，但御史们还是咬住不放，这件事后来被多次拿来攻击苏东坡。此时的苏东坡感到十分愤懑不平，恶人没有得到应有的惩罚，使他寝食难安，他不顾个人安危多次请求朝廷严惩恶人，并给予地方长官足够权力。

通过这件事，也许我们会觉得苏东坡是一位铁面无私的官吏，但他其实有着浓厚的儒家情怀，他所做的一切都是真正从国家和百

姓的角度出发。所以很多时候，他的判罚是充满着人道主义关怀的。

有一次，差人们查获了一个逃税的乡贡进士吴味道，带了两大包私货，包面上写着"杭州知府苏某封至京师苏侍郎宅"。也就是说这个进士不但逃税，还冒了苏氏兄弟的名。苏东坡问他里面装的是什么东西，这人只能如实答道："味道今秋要去赶考，乡人集资为我凑齐了赴京盘缠。我用一百千钱买了建阳小纱，如果沿路抽税，到京就剩不了一半。我听闻当今最重视才士的人莫过于苏先生，所以假冒台衔。我知道自己有罪，还请先生宽恕。"苏东坡没有生气，而是叫笔吏另加包封，在上面重新写上正确的信息"京师竹竿巷苏学士收"，然后交给了吴味道，并且告诉他："这回就是去天上也没有人会查你了。"吴味道一再拜谢后才离去，据说后来高中，又亲自登门拜谢苏东坡多次。

还有一次，有人向苏东坡起诉扇商欠了他两万钱。扇商辩解道："这天气总是下雨，而且很冷，扇子实在卖不出去，并不是小人不想还钱。"于是苏东坡拿笔随意在扇子上点染了一些枯木竹石，又写了一些行书、草书，一共画了二十把。商人才刚刚走出门，这些扇子便被高价抢购，立马就还上了他欠的钱。

从这些事情中可以看出苏东坡的吏治特点，他绝不姑息任何一个罪犯，但也会根据实际情况帮助迫不得已犯错的百姓。

交游与离去

　　喜欢呼朋引伴的苏东坡在杭州期间自然也有许多好朋友。他十分欣赏诗人刘季孙（字景文），常常赞赏他博学能诗，十分有英气。刘景文有兄弟六人，但此时都去世了，景文也已经五十八岁了，并且郁郁不得志。苏东坡于是写下著名的《赠刘景文》：

　　荷尽已无擎雨盖，菊残犹有傲霜枝。一年好景君须记，正是橙黄橘绿时。

　　苏东坡以物喻人，勉励刘景文即使身处窘境也要如菊花傲霜而开，即使年岁渐老也要时刻保持生机。

　　当年苏东坡在京中时便喜欢提携天下英才，自请外放后他仍然保持这个习惯。苏东坡有一位部署名姓毛，他和妓女琼芳的关系非常好，即将离任之时，他曾为此妓作《惜分飞词》。有一日苏东坡听见有歌女唱这首词，知道是部署所作后便连连叹气，感叹自己竟然不知道身边有这样的有才学之人。第二天他便立马将部署请回来，款待了他好几个月。

　　在杭州时，苏东坡还曾激赏过昙秀、妙聪、仲殊的曲子和惠聪的琴声。司马才仲更是因为苏东坡的举荐，应制举中等，后来成了

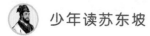

钱塘的幕官。但苏东坡并不是无节制地赞赏，对于不尽如人意的作品，他也会直言指出。有一次，郭祥正（字功父）路过杭州，拿出自己写的诗给东坡看。功父非常自得，于是声情并茂地吟咏出来。读罢之后转头问苏东坡："我这首诗可以打几分?"东坡说："十分。"还没等功父脸上的笑容完全绽开，苏东坡又说："这十分呢，有七分是读诗的功劳，三分才是给这首诗本身的。"苏东坡接着说，"你只知道有韵就是诗，实在不懂作诗啊!"

在杭州的这段时日，苏东坡暂时获得了身心的宁静，然而太皇太后却一直想着将他召回京中。元祐五年（1090 年）底，太皇太后先后两次要召回苏东坡，第二年，还传出了要召苏东坡为吏部尚书、翰林学士的消息。苏东坡闻讯立马请辞。然而意欲牵制执政且真心欣赏苏东坡的太皇太后始终没有同意他的请求。于是苏东坡决定孤身上京，上章力辞。元祐六年三月，苏东坡又一次离开了杭州。

鞠躬尽瘁

形容谦恭谨慎，竭尽劳苦，奉献一切。瘁（cuì）：劳累；疾病。出自三国蜀诸葛亮的《后出师表》："鞠躬尽力，死而后已。"

定风波（名句）

回首向来萧瑟处，归去，也无风雨也无晴。

译文：回首曾经走过的路，无数清冷萧索，早已看惯，回去吧，如今对我来说，无论晴天还是风雨天，都是一样的。

向来：刚才。萧瑟：指风吹过树木的声音，形容景色凄清。

王安石的诗

元日

爆竹声中一岁除，春风送暖入屠苏。

千门万户曈曈日，总把新桃换旧符。

泊船瓜洲

京口瓜洲一水间，钟山只隔数重山。

春风又绿江南岸，明月何时照我还。

梅花

墙角数枝梅，凌寒独自开。

遥知不是雪，为有暗香来。

在颍州

元祐六年，苏轼被召回京城。朝廷本来想用他为吏部尚书，后因故又改任翰林承旨。几个月之后，苏轼眼看着自己又被人进了谗言，内心焦虑不安，于是向朝廷请求到外地去做官。不久之后，他得偿所愿，以龙图阁学士出知颍州。

赈灾济困的好刺史

颍州即汝阴，就是今天的安徽省阜阳市。这个地方北宋时属于京西北路，在东京城的东南方向五百里，算是离京城较近的一个州府。苏轼的老师欧阳修也曾做过颍州刺史，所以苏轼上任后，就写了一篇祭吊欧阳修的文章。

这年冬天，颍州连续下了多日的大雪，百姓陷于饥荒之中。这天天还没亮，苏轼就召集赵令畤来议事。只见苏轼忧心忡忡地说："我一晚上没睡着觉，心里一直挂念着饥荒的事。我想拿出百来贯钱，请人做成炊饼，以赈济灾民。我的老妻对我说：'你之前路过陈州，见到傅尧俞，他提到过赵令畤在陈州办赈济很成功，何不向他询问赈济的法子？'所以今天一早，我就请你来咨询一下，这个赈济怎样办为好？"

读过《水浒传》的人都知道武大郎卖的就是炊饼。据考证，炊饼就是蒸饼，宋仁宗名叫赵祯，"祯"与"蒸"音同，为了避宋仁宗的讳，人们就把蒸饼叫作了炊饼，就是用发过的面和上油、盐、麻酱之后蒸成的面饼。在宋金时代，炊饼是一种普通吃食。金代元好问有诗云："何人办作陈莹中，来与先生共炊饼？"苏轼心忧百姓，想拿出自己的钱来赈饥，还有一个原因，就是他来颍州之后，州里的公使钱早已用完。他写有一首《到颍未几公帑已竭斋厨索然戏作数句》诗，就是讲他到颍州之后的窘状的：

我昔在东武，吏方谨新书。斋空不知春，客至先愁予。采杞聊自诳，食菊不敢余。岁月今几何，齿发日向疏。幸此一郡老，依然十年初。梦饮本来空，真饱竟亦虚。尚有赤脚婢，能烹赪（chēng）尾鱼。心知皆梦耳，慎勿歌归欤（yú）。

他回想起之前刚到密州刺史任上的时候，也面临着公中无钱的窘境，没想到十几年后，同样的情形再次出现。这反映了北宋后期各地州府都面临着财政困难的状况。而东坡能够想到用自己私人的钱财来救济灾民，可见他大公无私、体恤百姓的情怀。

最后赵令畤提出了解决办法。一是发义仓的积谷数千石，以赈济灾民；二是把作院的几十万斤炭和酒务的几百万斤柴火，按平价出售给百姓。这样，就能解决百姓们大冷天里的燃料和粮食这两个核心问题。苏轼采纳了这个办法，缓解了灾情，让颍州百姓度过了元祐六年的寒冬。苏轼有《次韵陈履常雪中》诗，就是写颍州这个

冬天之事的。诗云：

> 可怜扰扰雪中人，饥饱终同寓一尘。老桧作花真强项，冻鸢储肉巧谋身。忍寒吟咏君堪笑，得暖欢呼我未贫。坐听屐声知有路，拥裘来看玉梅春。

能够可怜"扰扰雪中人"，对于一位封建社会的官员来说，算是一种对百姓负责任的情感担当了。为苏轼点个赞！

敢于负责的地方官

苏轼与其他一些文官不同之处，还在于他敢于负责、勇于负责。

颍州有一个出了名的大盗，叫尹遇，是地方上的祸害，一直没有被绳之以法。苏轼到任后，召见了颍州汝阴县县尉李直方。县尉是掌管一县的乡兵等武力、负有捕盗责任的官员。苏轼对李直方说："你如果能够抓捕到尹遇，我会力言于朝廷，请求朝廷给予你优厚的赏赐；如果抓不到，我就要以不称职上奏，罢免你的县尉之职。"李直方接受任务后，非常惶恐。他有高年九十的老母在堂，母子二人哭着告别，然后李直方就踏上了追捕尹遇之路。应该说苏轼的眼光是很老辣的，他对李直方完全称得上是知人善任。李直方侦察到了尹遇的所在之处，于是分兵捉拿尹遇的党羽，他亲自抓捕尹遇，用戟刺伤了尹遇，将其捉拿归案。

按说这是一个非常完满的结局，能够在任上抓住巨盗，这里面当然有苏轼的指导性功劳。但苏轼不愿强占下属的功劳，他即刻向朝廷上奏，请求嘉奖李直方。而朝廷认为李直方官小，功劳也并不出众，结果没有任何赏赐下来。苏轼又继续上书为李直方请求嘉奖，并提出结合李直方这一年的劳绩，改朝散郎一官，以此来作为嘉奖，这个建议还是没有得到上面的批准。结果苏轼的犟脾气上来了：好，既然我这里的有功之人你不嘉奖，那我也不参加今年的考核。古代对官员的任期考核，叫磨勘。苏轼一怒之下拒绝磨勘，其实是表现了他勇于负责的态度。有的评论者认为这件事反映了苏轼不以官位为意的高洁，反而把这件事过分拔高了。因为在官言官，既然身在其位，就要忠于其事，东坡本来就是一位言行一致、敢于负责的官员啊！

颍州西湖与择胜亭

杭州有西湖，颍州也有个西湖。熙宁四年，苏轼赴杭州通判任，路过颍州去看望退休后终老于此的欧阳修，就曾和欧阳修在西湖上游览，并写有《陪欧阳公燕西湖》一诗。此番重来，西湖的美景，依然令苏轼流连忘返。刚到颍州时，有当地人对他说："您只需

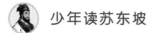

要每天在湖里游玩，就算是办完了州里的公务了。"这种说法，无非在讲颍州是个政简刑清、没有多少公务的好地方。苏轼的学生秦观听到后，就写了一首绝句："十里荷花菡（hàn）萏（dàn）初，我公所至有西湖。欲将公事湖中了，见说官闲事亦无。"所谓"我公所至有西湖"，就是指苏轼先后知杭州和颍州，这两个地方都有西湖的景致。苏轼到颍州后作有《谢执政启》，里面有"入参两禁，每玷（diàn）北扉之荣；出典二邦，迭为西湖之长"之语，讲的也是这两处西湖的事儿。

颍州西湖风景秀丽，菱荷十里，杨柳拂岸，是游人游憩的好去处。但是，爱旅游的东坡在颍州还发明了一个旅游专用亭，这个亭子和其他亭子不一样的地方就是，它可以拆卸并移动！大概这是一个木质结构的亭子，可以拆卸折叠，用十名夫子，就可以将其搬走。木架外面蒙以帷幄，每到风景佳胜的地方，就随地铺设，人可以休憩于其中，所以叫作"择胜亭"。苏轼专门作了一篇《择胜亭铭》，文中说：

乃作斯亭，筳楹栾梁。凿枘（ruì）交设，合散靡常。赤油仰承，青幄四张。我所欲往，十夫可将。与水升降，除地布床。

我们仿佛看到东坡在他发明的这个精巧的亭子前面拈须微笑的样子。毕竟，这种高情雅致，和南朝宋的谢灵运游山水的时候发明

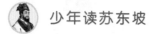

的谢公屐一样，都是文人醉心于山水之美的艺术精神的体现。

于是在春朝花郊、秋夕月夜之时，苏轼自然也会兴起情感的共鸣。在一个初春的夜晚，颍州官舍庭院里的梅花盛开，月色鲜明，王夫人忽然有所感怀，对苏轼说："春月胜如秋月，秋月令人惨凄，春月令人和悦。"东坡笑着说："说得好！"王夫人对春月和秋月的辨析，是对外在景色的内心体认，是个人情感与景物的共鸣。苏轼很欣赏这两句话，于是请客人来喝酒，并作《减字木兰花》词一首，词云：

春庭月午，摇荡香醪（láo）光欲舞。步转回廊，半落梅花婉娩（miǎn）香。

轻风薄雾，都是少年行乐处。不似秋光，只与离人照断肠。

这是一首将王夫人的感悟和体认用具体的形象转写出来的词。"不似秋光，只与离人照断肠"，看似平淡，而里面蕴含的愁情离绪，在不远的将来，将笼罩东坡的余生。这也可谓是一语成谶（chèn）了吧。

绳之以法

指根据法律法规制裁犯罪之人。出自《后汉书·冯衍传》："以文帝之明，而魏尚之忠，绳之以法则为罪，施之以德则为功。"

六月二十日夜渡海

参横斗转欲三更，苦雨终风也解晴。

云散月明谁点缀？天容海色本澄清。

空余鲁叟乘桴意，粗识轩辕奏乐声。

九死南荒吾不恨，兹游奇绝冠平生。

这首诗写于元符三年（1100年）六月，苏轼自海南岛遇赦北归时。至此，他已被贬谪海南儋州三年了。苏轼在诗中回顾了自己这些年的经历，表达了他九死不悔的决心、坚韧不拔的意志和豪放旷达的胸襟，以及北还的喜悦之情。

青玉案·和驾方回韵送伯固归吴中故居

三年枕上吴中路，遣黄犬、随君去。若到松江呼小渡。莫惊鸳鹭。四桥尽是，老子经行处。

《辋川图》上看春暮，常记高人右丞句。作个归期天已许。春衫犹是，小蛮针线，曾湿西湖雨。

这是一首赠别词，为送别同宗好友苏坚而作，写于宋哲宗元祐七年（1092年）八月。苏东坡知杭州时，苏坚曾任杭州监税官。全词深微婉曲，含蓄深沉，构思奇巧，别具特色。苏东坡通过送别好友，抒发自己对家乡亲人的牵挂。上阕写作者对苏坚归返吴中的羡慕及对吴中旧游的思念之情。下阕写作者想归返故乡而不能的惋惜，表达了对宦海浮沉的厌倦。清况周颐的《蕙风词话》卷二评此词云："坡公天仙化人，此等词犹为非其至者，后学已未易模仿其万一。"

四桥：苏州的四座名桥。老子：老年人的自称，犹老夫。辋川图：唐诗人王维曾于蓝田清凉寺壁上画《辋川图》，表示林泉隐逸之情志。小蛮：原指白居易的姬妾，此喻指苏坚之姬妾。

十八

扬州

扬州自古繁华。汉代的广陵、江都之地，隋开皇九年（589 年）置扬州，隋炀帝杨广开运河，重新疏濬（jùn）邗（hán）沟，扬州成为唐宋时期江淮间漕河的起点。五代时的吴国就都于此地，入宋以来，这里是长江下游江北地区的经济中心。宋哲宗元祐七年，一纸调令将苏轼从颍州调到了扬州，任扬州知州。

和芍药过不去的苏东坡

唐宋时，洛阳以牡丹花闻名天下。当牡丹盛开时，当地官员会组织万花会，在饮宴聚会的地方，用牡丹花插枝当屏帐，屋梁、柱栋、拱梁，都用竹筒蓄上水当花瓶，将牡丹花插在里头，钉在梁栋柱拱的上面，这样，放眼望去，整个屋宇都被鲜花笼罩，文人墨客吟咏其中，特别有文化氛围。

无独有偶，扬州盛产芍药。元祐初年，蔡京知扬州，他以洛阳牡丹万花会为模板，在扬州也组织了万花会，只不过用的是芍药。之后蔡京虽然调到他处任职，但这万花会却年年照办，耗费了不少钱财，扬州人以此为患。刚好苏轼来知扬州，正当芍药花开之时，属吏照样送上来举办万花会的公文，按照常规程序，苏轼只需要大笔一挥，元祐七年的万花会就又办成了。

没想到，东坡没有批准，而是在公文上写了意见：停办万花会。

身为宋代文坛领袖，风花雪月正是苏轼笔下最好的题材，他不趁着万花会的机会，为文坛再添一件风流韵事，反而釜（fǔ）底抽薪，干脆停办了万花会。为什么苏东坡要和芍药过不去呢？

其实啊，这正反映了苏轼的仁者仁心。在封建时代，大凡要办一件什么事情，衙门上下，方方面面，都会伸手，从中生发出各种名目，以获取暴利。而相关的耗费，往往会落在老百姓头上，实际上加重了百姓的负担。苏东坡有鉴于此，干脆取消了万花会，也杜绝了奸吏从中上下其手的机会。这就是苏东坡的这个批示一出来，扬州百姓都感觉松了一口气的缘故。

苏轼自己对这个决断也很满意。他在写给王定国的信里说："花会用花千万朵，吏缘为奸，已罢之矣；虽杀风景，免造业也。"

虽然煞了花会的风景，但却减轻了百姓的负担，苏轼的心中，自有老百姓这一杆秤来称量着万事的利弊。芍药虽然美丽，但并不是老百姓生活的要紧之务，苏轼的决断，是放弃了自己的爱好，而从百姓之所欲。他同芍药过不去，正说明了他心里是有老百姓的啊！

省察民情的苏东坡

扬州境内有邗沟，南起瓜洲镇，北至楚州（今江苏淮安）入淮，沿淮水（后沿龟山运河）可以上溯到泗州，就能与汴渠相通。汴渠往北经临淮、虹县、宿州、永城、商丘、宁陵、襄邑、雍丘、陈留，可以直达北宋都城东京。这样，南方的江南各路漕粮和财赋就可以源源不断地通过这条漕路输送到京师。有无数漕船航行在这条漕路上，由转运司管理，所以转运司又称"漕司"。按照旧例，漕船是免税的，漕船的漕丁和水手可以在船上携带私家货物，运到东京转卖，这样就解决了漕丁的生计问题，漕运的效率也很高。元祐以来，一切夹带都被禁止，漕路上所过的税场，都要进行检查，遇有私货，即行扣留。漕丁们失去了这个生计来源，收入微薄，很多时候就盗食或挪用运载的粮食，甚至为了毁掉证据，干脆将漕船凿沉。于是被治罪的人一天比一天多，而漕运的亏损也一年比一年大。

苏轼所知的扬州，正是江南漕运的起点，积弊也很深重。他到任后，有感于治本的方法，还是在于要让漕丁有生路，所以他向朝廷上书，请求将沿途的征税点取消，使得漕丁能够遵循旧例，携带免税的货物，以补贴生计。朝廷听从了他的建议，数年之后，情况得以好转。不过苏轼很快被调回朝中，没能看到他的建言的效果。但从他能够为漕丁的生计上书来看，他对于民情的疾苦，是非常注

意并且会脚踏实地地去解决的。

为此，东坡在扬州的官声很好。曾旼（mín）从扬州州学教授任上退下来，路过真州，当时知真州的是苏轼的政敌吕惠卿。真、扬二州密迩（ěr）接壤，而吕惠卿对苏轼一向是不服气的。他问曾旼，苏轼是什么样的人。曾旼赞叹说："苏轼是个聪明人。"吕惠卿怒了，冷言道："他是哪种聪明法？是像尧一样聪明，还是像舜和大禹一样聪明？"吕惠卿是个小人，见不得别人说苏轼的好。曾旼回答说："虽然和这三者的聪明不一样，但也是聪明人。"吕惠卿又问："苏轼是学的谁？"曾旼说："他学孟子。"吕惠卿更生气了。众所周知，孟子是儒家仅次于孔子的圣人，曾旼把苏轼抬得这么高，把在士人中名声不太好的吕惠卿就比下去了。吕惠卿气得站起来说："你这是什么话，这哪有可比性！"曾旼说："孟子以民为重，社稷次之。此所以知苏公学孟子也。"吕惠卿默然无语。

苏轼继承了孟子的民为重而社稷次之的精神，正反映了他的政治思想中近于原始儒家的先进一面。他所官之处，都能主动去省察百姓的疾苦，兴利除弊，正是这种精神的实践。

与米颠的惺惺相惜

宋代的书法家中，有著名的"苏黄米蔡"。苏是苏轼，黄是黄庭坚，米是米芾，蔡是蔡襄。这四位书家，代表了北宋书法的最高成就。

米芾是今天的湖北襄阳人。据说他习书成痴，自少年到老年，未曾停过笔。有给他送纸的，不管送多少，铺在案上就写，写完才罢手。因着这股子痴狂劲儿，世人称他作"米颠"。

苏轼在扬州，有一次设宴待客，有客十余人，都是当时的名士，米芾也在座上。大家觥（gōng）筹交错，正喝得酣畅的时候，米芾突然站了起来，乘着酒意对苏轼说："我有句话想问问您。世人都认为我是癫狂的人，我想请问您的看法如何？"苏轼笑着回答："吾从众！"坐客大笑。

苏轼大米芾十四岁，行辈在前。米芾颇有狂痴之名，是在于他对艺术和人生的态度与世人不一样，又颇有洁癖。东坡从前就和米芾打过交道，对米芾的个性早有所知，这里回答他"吾从众"，是对米芾的调侃，也是对米芾独特艺术气质的肯定。

苏轼只做了几个月的扬州刺史，就被召回京师。回京途中，他路过雍丘县，此时米芾已担任雍丘县令之职，设宴款待了苏轼。宴席之上，只见米芾的酒席摆得有讲究：两侧各设长案，案上摆满了好笔好墨，各有三百张纸堆叠在案上，而吃的喝的放在一旁。苏轼一看就大笑起来：他知道米芾这摆的是什么阵势。就座后，两人对饮，每喝一杯酒，就拉过一张纸来写字。旁边专门有两个书童研墨，两人边喝边写，书童们连研墨都来不及。这一顿酒喝到天色将晚，才算结束，而两边案上的纸都已经写完了。两人乘醉一看吓了一跳，苏轼和米芾都觉得今天的发挥超过了自己平时的水准，于是相对大笑，将这些作品互相交换后，满意地离去。

这则轶事，反映的是这两位书法家借助书法而精神互通、惺惺相惜的友情。酒的醺然欢适和艺术的神妙精奇，在雍丘的这场酒局中，引发了两人超水平的发挥，也成就了中国书法史上的一段佳话。

釜底抽薪

原指将柴火从锅灶底下抽去，使水停止沸腾。比喻从根本上解决问题。出自北齐魏收的《为侯景叛移梁朝文》："抽薪止沸，剪草除根。"

孟子以民为重，社稷次之。

出自《孟子·尽心章句下》："民为贵，社稷次之，君为轻。是故得乎丘民而为天子，得乎天子为诸侯，得乎诸侯为大夫。"意思是百姓最重要，其次是社稷，君主为轻。所以，得民心者做天子，得天子之心者做诸侯，得诸侯之心者做大夫。

觥筹交错

原指酒杯与酒筹散乱地放在一起。形容众人尽情欢饮，热闹异常的场景。出自宋欧阳修的《醉翁亭记》："射者中，弈者胜，觥筹交错，起坐而喧哗者，众宾欢也。"

觥：酒器。筹：计算饮酒巡数的竹片。

临江仙·夜归临皋

夜饮东坡醒复醉，归来仿佛三更。家童鼻息已雷鸣。敲门都不应，倚杖听江声。

长恨此身非我有，何时忘却营营？夜阑风静縠纹平。小舟从此逝，江海寄余生。

这首词写于元丰六年（1083年）九月，这是苏东坡被贬黄州的第四年。题中"临皋"在黄冈县南长江北岸，苏轼曾寓居于此。诗中写深秋之夜，作者在东坡雪堂开怀畅饮，醉后返归临皋的情景。全词语言畅达，格调超逸，写景、叙事、抒情、议论，巧妙地融为一体，让人看到一个旷达、萧散，却又有些感伤的苏东坡。上阕记事，一开始就点明夜饮地点及酒醉情态。下阕抒怀，写回到寓所，酒醒后面对江河，顿时生出遁身江海之遐想，体现了其昂首尘外、恬然自适的生命哲学。

营营：奔走劳碌貌，形容奔走钻营，追逐名利。縠（hú）纹：形容水波细微。

为国守边

元祐七年，苏轼被从扬州任上以兵部尚书兼侍读召回朝中，不久被任命为礼部尚书。而北宋王朝的政治局势，也将发生一次巨大的变化。

宋哲宗继位以来，一直是太皇太后高氏听政，所任用的都是旧党中坚大臣。元祐八年（1093 年）九月，高太后去世，哲宗亲政。宋哲宗一反元祐时期的政策，立即恢复宋神宗时的各项新法之政。苏轼不安其位，自请出外。于是他自礼部尚书以端明殿学士加翰林侍读学士，任定州安抚使。这就是《宋史》中说的"以两学士出知定州"。

勇除边弊

定州，今河北定州市，在北宋与辽的边境线上，其北边与辽的蔚州、易州相邻。定州西南，就是河北真定府。定州路是河北四安抚使路之一，是北宋的北方国防前线。

苏轼来到定州时，宋辽之间已经将近百年没有战争了。在长期的和平环境中，定州虽然地处前线，但军备废弛，边弊丛生。士兵骄惰，缺少训练，将领冒领士兵的廪（lǐn）赐，前任安抚使根本不敢管。

苏轼是位做实事的官员。他到任之后，就开始着手整顿边弊。他将贪污军资的人发配远恶之地，修缮军队的营房，禁止军中宴饮和赌博。等到军队的后勤问题得到解决，他又开始在军中开展战斗训练。春天阅兵，定州的将吏已经很久没进行大阅了，相关的大阅礼仪都已经废弃不讲，苏轼命令恢复旧的阅兵礼仪，自己作为定州安抚使，穿常服走出军帐，其余将吏身着军服，在一旁侍卫警戒。定州路副总管王光祖自以为身为老将，耻于在苏轼位置之下，假称疾病，不参与大阅。苏轼立刻就召来书吏，命其撰写奏章弹劾王光祖。王光祖听说之后，知道苏轼不好惹，大为惊惧，立即赶来参加阅兵。等到阅兵结束，没有一人敢怠慢。定州的老人都说："自韩琦去后，不见此礼至今矣。"

韩琦是宋仁宗时代有名的边帅，也曾知定州。定州人以韩琦来比苏轼，是对苏轼治军严整的很高褒扬。

除此之外，苏轼还居安思危，通过对缘边州郡实际调查，发现在长久的和平环境中，边兵已经腐朽，不可用。但在沿边地区有一种民间自卫组织，叫作"弓箭社"。社中边民都娴习弓马，与辽人在缘边地区争斗，不落下风，可以称得上精锐。故相庞籍守边时，曾为弓箭社订立制度。但年月已久，又限于新法中的保甲法，弓箭社得不到发展。苏轼向朝廷上奏，请求不要用保甲法来约束弓箭社，以及减免相关人员税赋的问题。此时朝中的政治环境早已趋向于新法，苏轼的建议自然没人理。但苏轼关心国防，在其位谋其事，不计较成败利钝的精神，是值得我们肯定的。

文采风流的中山盛事

身为天下文豪，就算来到了戎马倥（kǒng）偬（zǒng）之地，苏轼依然给定州带来了浓郁的文化氛围。

他所征辟的僚属，如李之仪，深通时事，和苏轼往复议论，预知了国家的大政方针将要大变。苏轼也自知新党重新掌权，自己可能会遭贬，对李之仪说："自是相从之日益难得，期与子游戏于文词翰墨，以寓其乐。"苏轼对自己将来的命运，已经高度自觉了。

在定州的幕府中，除了李之仪外，还有孔敏行，而定州通判滕兴公、曾仲锡，也是他的座上常客。五人经常于公事余暇，诗酒醉歌，从容谈笑。座中有官妓奏乐助兴，大家各自按照乐人所奏的歌谱，即席创作。

有一次，一名歌女坐在苏轼旁边，唱起了《戚氏》词。《戚氏》始创于柳永，词有三叠，二百一十二字，是词中有名的长调。这名歌女看来是想请苏东坡挥洒才情，写一篇长调。恰好此时东坡正在和朋友们谈论《穆天子传》这部书，他认为周穆王之事，颇多虚诞之言。正好就着歌女的曲谱，随唱随写，当真是笔不加点，歌唱完，词就写成了。之后加以改定的，不过五六字而已。这首词如下：

玉龟山。东皇灵姥统群仙。绛阙岩（tiáo）峣（yáo），翠房深迥，倚霏烟。幽闲。志萧然。金城千里锁婵娟。当时穆满巡狩，翠华曾到海西边。风露明霁，鲛波极目，势浮舆盖方圆。正迢迢丽日，玄圃清寂，琼草芊绵。

争解绣勒香鞯（jiān）。鸾辂（lù）驻跸（bì），八马戏芝田。瑶池近、画楼隐隐，翠鸟翩翩。肆华筵。间作脆（cuì）管鸣弦。宛若帝所钧天。稚颜皓齿，绿发方瞳，圆极、恬淡高妍。

尽倒琼壶酒，献金鼎药，固大椿年。缥缈飞琼妙舞，命双成、奏曲醉留连，云璈（áo）韵响泻寒泉。浩歌畅饮，斜月低河汉。渐绮霞、天际红深浅。动归思、回首尘寰。烂漫游、玉辇东还。杏花风、数里响鸣鞭。望长安路，依稀柳色，翠点春妍。

这首词纯写周穆王在昆仑山会见西王母之事。苏轼的才情，在这首词的创作中显露无遗。座中诸客在临分别之时，都纷纷赞叹不已，说："足以为中山（指定州）一时盛事，前固莫与比，而后来者未必能继也。"苏轼对于此词，也非常满意，正想寻找工匠将词刻在石上，以记一时之胜，不想贬谪的消息传来，友朋四散，这首词也就未能刻石了。

还有一次，有一位武将，长相丑陋，献上一篇书启，想求得苏轼接见。东坡一读其文，不禁大为赞叹，说："奇文也。"将文章递给了李之仪，让他判断文中最佳的句子是什么。李之仪一读，就指出"独开一府，收徐、庾于幕中；并用五材，走孙、吴于堂下"为佳句。这句话生动地写出了东坡在定州，对文、武两方面的人才兼收并蓄的盛况。东坡赞叹不已，可李之仪却给他泼了一盆冷水，说："我看这位武将的外貌，可不像能写出这样好的句子的人，该不是别人替他写的吧？"东坡说："就算是别人替他写的，也得他能够慧眼识人啊。"于是召来这位武将，和他耐心地谈论，阖府上下，都大为惊异。

这里东坡没有以貌取人，而以一句之佳就待之上宾，这是尊重文才的表现。宋代武将地位低下，本没有和文豪并坐谈论的资格，但苏轼自己文才极盛，爱屋及乌，这位武夫也算是搔着他的痒处了。人生的际遇，很多时候出自偶然，如果不是东坡的欣赏，这一句佳句，也就传不到后世了。

女性知己胡文柔

在定州，有一位女子，算得上是苏轼的女性知己。这位女子就是李之仪的妻子胡文柔。

胡文柔是宋仁宗时代名臣胡宿的孙女，才性很高，喜欢古人之风，自许甚高，通达于世事，喜欢议论当世之事，对当代人物多有褒贬。她于书，经史子集乃至于佛书无所不读，工于诗词禅语，尤精于数学。北宋著名的科学家沈括，遇有疑难之时，也会向胡文柔

请教。沈括多次叹息说："如果胡文柔是男子就好了，一定会成为我的益友。"

李之仪受苏轼征辟，入定州幕府，掌机宜文字。胡文柔对李之仪说："苏子瞻名重一时，读他的书，让人有杀身成仁之志。你要和他多加交流。"一次，苏轼去李之仪家，两人正在寒暄谈论，忽然定州府有公事到来，苏轼当场办理公事，井井有条。胡文柔从屏风后看到苏轼处理政务的场景，感叹道："我之前还以为苏子瞻有书生谈士的空谈之风，干不了实事，今天看到他处理政事一丝不苟，果然是一代豪杰！"之后两家人越走越近，苏轼让自家的媳妇尊事胡文柔，以她为师，胡文柔也一丝不苟，常用至言妙道来教导苏家的妇女。苏轼称胡文柔为"法喜上人"，对她非常尊重。

胡文柔也感激于心，当苏轼在定州被贬时，她亲自缝制了衣服，送给苏轼，说："我一女子，得到如苏公这样的人理解，还有什么遗憾？"

从某种角度来说，苏轼遭贬，胡文柔赠之以衣，这是不符合当时礼法的举动。但是，胡文柔从知己的角度来看待苏轼，她的行为，就非常自然了，恰恰表达了她对苏轼能够理解自己的深深的感激之情。这种行为，当然是世俗之外的佳话了。

居安思危

指在安稳的生活环境里，应想到可能出现的危险情况。出自春秋左丘明的《左传·襄公十一年》："'居安思危'，思则有备，有备无患。"

西王母

"西王母"的称谓最早见于《山海经》："其状如人，豹尾虎齿而善啸，蓬发戴胜。"居住在中原以西的昆仑丘，民间称之为"王母娘娘"，关于她的传说很多。戏曲《天仙配》里，王母娘娘成了拆散牛郎和织女的角色。《西游记》中有一集讲的是"孙悟空大闹蟠桃会"，这个"蟠桃会"就是王母娘娘举办的。还有《淮南子》《史记》《汉书》等古籍中都曾有"西王母"的记载。

木兰花令·次欧公西湖韵

霜余已失长淮阔。空听潺潺清颍咽。佳人犹唱醉翁词，四十三年如电抹。

　　草头秋露流珠滑。三五盈盈还二八。与余同是识翁人，惟有西湖波底月。

　　这首词作于宋哲宗元祐六年八月，苏轼五十六岁，任颍州太守。题中"欧公"指苏轼的恩师欧阳修，欧阳修守颍州时曾作《木兰花令·西湖南北烟波阔》，后卒于此。苏轼写此词时恩师去世已二十年，当他来到颍州西湖时，想起往日恩师所吟西湖之词，遂步其韵作此词。上阕写深秋时节，泛舟颍河，看到草木枯萎、河水温婉的景致。下阕写深秋夜晚，草木蒙上一层秋露，晶莹、易逝，月亮此刻虽圆，却也逐渐缺损。全篇借景发议论、抒情怀，情景交融，委婉深沉，表达了作者由悲秋而怀人伤逝的深沉思绪，饱含着苏轼对恩师欧阳修崇敬和怀念的真挚感情。

　　长淮：即淮河。清颍：颍水，淮河支流。电抹：形容光阴飞逝。"草头"句：比喻世事难久。三五：每月的十五。二八：每月的十六。

二十

惠州之贬（上）

宋哲宗绍圣元年（1094年）四月，御史虞策、殿中侍御史来之邵上书，称苏轼任翰林学士时所作的制词涉嫌讥讪宋神宗。哲宗下诏，苏轼罢定州任，降为承议郎责知英州军州事。六月，来之邵等继续攻击苏轼诋斥前朝，又责授宁远军节度副使，惠州安置。苏轼从定州任上解职南下英州，经过当涂，又得到了进一步的处置意见，即落左承议郎，责授建昌军司马，惠州安置。

打击接踵（zhǒng）而至，而王夫人已于上年病逝。苏轼在当涂做出决定，令次子苏迨携家人去宜兴，和长子苏迈会合。自己则和小儿子苏过以及妾朝云前往惠州。这年的十月二日，苏轼一行来到惠州，开始了他近三年的惠州之贬。

林希坏了名节

林希是和苏轼同辈的人，二人是同一年的进士，关系也还不错。苏轼任翰林学士时，林希曾作书启为他祝贺："父子以文章名世，盖渊云司马之才；兄弟以方正决科，迈晁董公孙之学。"

绍圣初年，林希进用，而苏轼兄弟因为是元祐党人，都遭到了贬斥。两人的贬制之词，都是林希所写。林希倒也不负新党众人的期望，下起笔来那叫一个狠啊。在贬斥苏辙的制文里，他写道："父子兄弟，挟机权变诈，惊愚惑众。"短短几年之间，先是赞苏洵、苏轼、苏辙父子文章名世，为人方正，品行高绝，继而一反其先前的赞扬，指责他们父子兄弟投机诈伪，这转身也未免过于"华丽"。难怪苏辙捧着贬词，哭出声来："说我们兄弟倒也罢了，先父有什么罪，要被这样诬蔑！"

在贬斥苏轼的制文里，林希依旧挥笔，大加挞（tà）伐：

轼罪恶甚众，论法当死，先皇帝特赦而不诛，于轼恩德厚矣。朕初嗣位，政出权臣，引轼兄弟，以为己助，自谓得计，罔有悛心。忘国大恩，敢肆怨报。若讥朕过失，亦何所不容？乃代予言，诬诋圣考，乖父子之恩，害君臣之义。在于行路，犹不戴天；顾视士民，复何面目？以至交通阉寺，矜诧幸恩，市井不为，搢绅共耻。尚屈彝典，止从降黜。今言者谓轼指斥宗庙，罪大罚轻。国有常刑，非朕可赦；宥尔万死，窜之遐服。虽轼辩足以饰非，言足以惑众，自绝君亲，又将奚憝（duì）？保尔余息，毋重后愆（qiān）。可责授宁远军节度副使，惠州安置。

这一段话用宋哲宗的语气，说得极为严重，但苏轼的反应，和苏辙不同。他看到贬词后，就说了一句："林大亦能作文章耶！"轻蔑之意溢于言表。他对敌人无情蔑视的态度，显示了林希与苏轼并不是一个水平线上的人。相传林希写这篇制文后，投笔慨叹："坏了

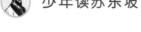

一生名节！"林希以一时的幸进，迎合在上者的旨意，而受讥笑于后世，理所当然。权贵势位，对人的影响是巨大的。

不过林希的名节，倒也并不是从这里才坏的。早在神宗熙宁年间，有一项出使高丽的任务，本拟派林希出使，但林希害怕危险，不敢出使，被贬去监杭州楼店务。历史人物的个性特点，往往决定他们的人生轨迹，林希就是前车之鉴。

此间有甚么歇不得处？

东坡被贬惠州，初寓合江楼，后迁嘉祐寺，在这里一直住到绍圣四年（1097 年）二月，方才迁入白鹤峰新居。他有一篇短文，记载了住在嘉祐寺时的一则轶事，即《记游松风亭》。

余尝寓居惠州嘉祐寺，纵步松风亭下，足力疲乏，思欲就亭止息，望亭宇尚在木末，意谓是如何得到？良久，忽曰："此间有甚么歇不得处？"由是如挂钩之鱼，忽得解脱。若人悟此，虽兵阵相接，鼓声如雷霆，进则死敌，退则死法，当恁么时也不妨熟歇。

文中讲的是自己一次登山到松风亭，沿途的所思所想。原来东坡走到半山，已经疲惫不堪，想休息一下，可一看松风亭，还在高

高的树木之巅，心想："这怎么得了，什么时候才能登上去啊？如何能歇呀！"可过了许久，东坡忽然自悟："这里又有什么不可以歇的？"想通此节，东坡顿时如脱钩之鱼，得大解脱。如果人能悟到此理，就算是在激烈战斗的战场之上，催着冲锋的战鼓咚咚地敲着，前进则死于敌人之手，后退则死于军法，也妨碍不了我要歇便歇。

东坡是传统文人的典型代表，自宋以后，他几乎成为传统知识分子理想人格的化身，进则儒家用世之志，退则释老恬淡自适之意，无所而不得其所。在这则短文里，我们也能看到禅宗的深刻影响。

东坡之文，无法而有法，其自称"吾文如万斛泉源，……常行于所当行，常止于不可不止"，看似不受束缚，但"所当行"与"不可不止"事实上就是一种文艺创作客观规律的要求。东坡的高明，就在于他能将这种外在的要求表现得浑然无迹，仿佛完全出于自然之手，而不假雕饰之工。这种经过艺术加工后的"自然"，返璞归真，恰恰合于否定之否定的辩证法，具有比单纯的自然更加集中而鲜明的美，因而也达到了极高超的艺术水准。东坡的名篇，如《记承天寺夜游》《前赤壁赋》等莫不如此。

短文以说理胜，而其中透露出的那种潇洒的人生态度和达观的心态，的确值得我们这些处在滚滚红尘中的苍生咀嚼一二。当我们努力去追求某些自认为不达目的绝不能罢休的理想、目标，或者任何一种贯注着执着精神的东西时，是不是忽略了某些我们作为人最重要的一点？目标到底是目的还是手段，在追逐目标时，我们是不是有点儿舍本逐末乃至于蒙蔽了自己的清明之境？所有这些，都是我们可以慢慢领略的……

谪居未敢忘忧民

　　苏轼被贬惠州，贬谪他的绍圣年间当权的诸公，还总想着不要让他太好过。他们得知苏轼的姐夫程之才和他关系不好，于是就将程之才派到广南东路当提刑官，希望借此迫害苏轼。

　　苏轼的大姊八娘嫁给了程之才，因为婆媳关系不好，郁郁而终。苏洵一怒之下和程之才家断绝了关系，苏轼与苏辙也跟着与其断了联系。四十余年后，程之才和苏轼在广东重聚，两人却消除了隔阂，相处甚欢。这是出乎苏轼政敌意料之外的事。

　　不但如此，与惠州有关的政务，程之才都和苏轼紧密联系，相互通气。按理说，一位被贬谪的官员，到了贬谪之地，第一件事就是深居简出，不与外人结交，更不用说插手当地政务了。但苏轼不然，他是一位极负责任的官员，并不因自己的贬谪身份而对民生之事冷漠无语。惠州驻军营房不足，军人散居在市井之中，难以集合训练，苏轼向刺史建言，造三百间营房，以供驻军驻扎。惠州需纳秋粮六万三千余石，转运司命令五万石以上的，要折成现钱交纳，但岭南缺钱，苏轼建言，请求纳粮户能够同时交纳钱与米，这样就能少了一道将米换钱的程序，对纳粮户是有利的。他还热心参与地方上造桥的事，又向广州帅臣王敏仲推荐善水利的道士邓守安，令其引蒲涧水进广州，免除广州城人吃咸苦水的痛苦。这些事情多牵涉到政事，一不小心就会给政敌攻击的借口。苏轼却奋勇践行，毫不畏缩，对百姓利益的所在，苏轼是有孟子所说的"虽千万人吾往矣"的精神的。这也是苏轼儒家进取精神的体现。

前车之鉴

原指前面的车子翻倒的教训。比喻前人的教训，可作为后人的借鉴。鉴：镜子。

出自战国荀况的《荀子·成相》："前车已覆，后未知更，何觉时！

返璞归真

指去掉一切外在的装饰，恢复原来本真的状态。出自西汉刘向的《战国策·齐策四》："斶知足矣，归真反璞，则终真不辱也。"意思是说颜斶很知足，他放弃功名利禄，回到乡里，恢复原本老百姓的样子，永远不会受辱。后人将"归真反璞"提炼为成语"返璞归真"。

谪居未敢忘忧民

意思是即便被贬官降职到偏远之地也不敢忘记关心民众疾苦。化用"位卑未敢忘忧国"，出自宋代陆游的《病起书怀》："病骨支离纱帽宽，孤臣万里客江干。位卑未敢忘忧国，事定犹须待阖棺。"

江城子·乙卯正月二十日夜记梦

十年生死两茫茫，不思量，自难忘。千里孤坟，无处话凄凉。纵使相逢应不识，尘满面，鬓如霜。

夜来幽梦忽还乡，小轩窗，正梳妆。相顾无言，惟有泪千行。料得年年肠断处，明月夜，短松冈。

这首词写于熙宁八年，为追念妻子王弗而作。王弗十六岁时嫁于苏东坡，二人恩爱情深，生子苏迈。治平二年，王弗病逝，年仅二十七岁。但苏东坡对妻子从未忘却，时常忆起。妻子去世十年后的一日夜里，苏东坡梦见王弗，遂写下这首感人肺腑的悼亡词。以词写悼亡，乃苏东坡首创。上阕写实，抒发对妻子的深沉思念，下阕记梦，抒写对妻子深切情义。全词以实带虚，思致委婉，境界层出，由梦前到梦中到梦后，以平实语言写夫妻至情，情调凄凉哀婉，哀伤和思念情意缠绵不尽，字字血泪，感人至深。

惠州之贬（下）

苏轼被贬惠州，原因是新党从他创作的作品中找到了很多罪名，说他嘲讽先朝，多引衰世故事来讽刺宋神宗时的朝政。因为苏轼是天下文豪，所以他的政敌们很注意他留下的文字。这就引出了著名的上清宫碑事件。

上清宫碑的毁掉

元祐六年，修上清宫，苏轼受命为上清宫作碑。上清宫是宋太宗初创，庆历中毁于火，元丰二年宋神宗赐名上清储祥宫，元祐六年储祥宫成，苏轼时为翰林学士。苏轼所作碑文，叙事畅达，结构有法，将道家与儒家之道合并而论，是一篇优秀的文章。

绍圣新党重兴，对苏轼加以迫害，他所作的一切公私文字，都被人用放大镜细细审视。这块上清宫碑自然也在毁掉之列，磨平上面的文字后，朝廷又请蔡京重新写了一篇碑文刻在上面。蔡京的文章，就远远不及东坡了，其水平也就类似于当时举人撰写的经义程文，呆滞刻板，所谓新不如旧远甚了。

这件事，和唐代的一则故事非常相近。唐代韩愈曾作《平淮西碑》，记载唐宪宗元和年间出兵平定淮西吴元济的叛乱一事，刻碑铭功，是韩愈文章中的精品。后来有人告状，称此碑中叙事褒贬不实，于是唐朝廷命人仆倒此碑，另外命翰林学士段文昌再写一篇新的刻上去。韩愈的文笔，化用《尚书》《诗经》的文体，辞义高古，被称为"唐文第一"，而段文昌的新篇，被后人评为"骈四俪六、蛙鸣鸥叫之音"，其高下可想而知。

苏轼的文笔，也是当时第一流的文字，现在将好的文字铲去，易之以蔡京所写的新碑文，其性质与唐代仆掉韩碑而刻上段文昌的新碑文，几乎一模一样。这事情传开后，有人经过临江军（今江西省樟树市临江镇）驿舍，题了两首诗，没留下姓名。诗云：

李白当年谪夜雠，中原不复汉文章。纳官赎罪何人在，壮士悲歌泪两行。

晋公功业冠皇唐，吏部文章日月光。千载断碑人脍炙，不知世有段文昌。

前一首拿李白谪夜雠和苏轼贬岭南相比，为其诉冤。后一首则是借韩碑的故事，暗指苏轼的碑文必将像韩碑一样，脍炙人口，蔡京的碑文将和段文昌的文章一样，不为世所知。

有说这首诗是江端友所作，也有猜测是苏轼自作的。今天看来，不管是江作还是自作，诗中所作的历史判断，还是比较准确的。

高情已逐晓云空

苏轼贬惠州，带了小儿子苏过在身边，另外随行侍奉他的女眷，只有他的小妾朝云。

朝云姓王，杭州人。熙宁七年苏轼做杭州通判时，她十二岁，进入苏家，后来成为苏轼的妾侍。朝云刚开始不识字，入苏门后，开始学习书法，粗习楷法，后来又学了佛理，能通佛家大义。她和苏轼曾有一子，未满周岁就夭折了。苏轼贬岭南，前途未卜，路过江西都昌县时，曾遣另一个小妾碧桃居于当地，而独带朝云南下。

对这位与自己患难与共的女子，苏轼非常怜惜，并在绍圣元年为她作《朝云诗》：

不似杨枝别乐天，恰如通德伴伶玄。阿奴络秀不同老，天女维摩总解禅。经卷药炉新活计，舞衫歌扇旧因缘。丹成逐我三山去，不作巫阳云雨仙。

诗中拿樊素侍奉白居易、樊通德侍奉伶玄来类比朝云与自己的关系。可见他对这位妾侍的重视。而朝云在惠州陪伴苏轼，也和他有精神上的交流与互动，可谓是相濡以沫。有一天，苏轼和朝云闲坐，正是秋意渐起之时，苏轼命朝云拿着酒杯，唱"花褪残红"之

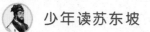

词。这是东坡的一首著名的《蝶恋花》词，全词如下：

花褪残红青杏小。燕子飞时，绿水人家绕。枝上柳绵吹又少。天涯何处无芳草。

墙里秋千墙外道。墙外行人，墙里佳人笑。笑渐不闻声渐悄。多情却被无情恼。

这首词写的是春景，词意婉转秀丽。朝云才歌两句，就已经落泪满襟。苏轼惊问原因，她说："我唱不出来这两句，就是'枝上柳绵吹又少，天涯何处无芳草'。"苏轼大笑，说："我正在悲秋，你却又伤春了。"这是绍圣三年（1096 年）的事。不久，这年的七月十五日，朝云染病而亡，东坡非常悲痛，自此之后，他终身不再听这首《蝶恋花》词，并作《西江月》词来怀念朝云：

玉骨那愁瘴雾，冰姿自有仙风。海仙时遣探芳丛，倒挂绿毛幺凤。

素面翻嫌粉涴（wò），洗妆不褪唇红。高情已逐晓云空，不与梨花同梦。

这首词以咏梅花为主题，实际上寄寓了苏轼对朝云的哀思，所谓"高情已逐晓云空"，词中的晓云，就是朝云。失去了朝云，是苏轼晚年遭受的一次打击。

苦闷中的佛道寄托

被贬惠州，是东坡生命中的一次大的挫折。虽然他是古代士人中最能够通贯儒释道三家思想的人物，但也不免会有情绪上的波动与苦闷。他在这一时期较为醉心于佛教与道教的炼丹法，就是因为这个原因。

东坡曾有一书帖，云："王十六秀才遗拍板一串，意予有歌人，不知其无也。然亦有用，陪傅大士唱金刚经耳。"黄庭坚在帖下有小楷书："此拍板以遗朝云，使歌公所作《满庭芳》，亦不恶也。然朝云今为惠州土矣！"这个帖子当写于朝云去世之后，所以东坡说身边没有歌者了，黄庭坚说朝云已为惠州之土。苏轼还在朝云墓前建了一座六如亭，取佛经中"如梦、如幻、如泡、如影、如露、如电"之语，来表达他对朝云的思念。

在惠州时期，他还对道教的炼丹术表现出了浓厚的兴趣。他有诗云："暮年眼力嗟犹在，多病颠毛却未华。故作明窗书小字，更开幽室养丹砂。"黄庭坚注此诗说："按先生与王定国书云：'近有惠丹砂少许，光彩甚奇，固不敢服。然其教以养之，观其变化，聊以悦神度日。'"他还给刘安世写信："或有外丹已成，可助梨枣者，亦望不惜分惠。"刘安世曾得到养生炼丹术，苏轼以之为师。他还向吴复古请教长生诀，吴复古告诉他两个字：安，和。另外，苏轼有一

定的鉴别力，有位名为陆惟忠的道士，学内外丹法，在黄州时，东坡给他下了个判断，说："子神清而骨寒，其清可以仙，其寒亦足以死。"十五年后，两人又在惠州相见，陆惟忠果然因寒而死。广东罗浮山有葛洪炼丹的遗迹，东坡曾前往探访，并大书"葛洪仙灶"四字。

这种种事迹，反映了苏轼在这一时期的苦闷无助，于是他将一部分精力放在佛道的学说和实践之上。所谓求长生诀、求丹，是东坡在这一时期百无聊赖之中的精神寄托。

但东坡毕竟并非常人，偶然的留心佛道，并不妨碍他对现实生活的规划。在惠州将近三年，他已经做好了在此地终老的准备，并在白鹤峰上盖了房子，作长久居住的打算。白鹤峰下临大江，宜远眺，是惠州的佳胜之境。房子盖好，东坡很是满意，写诗说："为报先生春睡美，道人轻打五更钟。"这是一种很惬意的境界。

这首惬意的诗传到东京，被他的政敌章惇看到了，章惇就说了一句话："苏子瞻尚尔快活！"

不久之后，进一步的贬谪令来到了惠州，正"快活"着的苏轼被贬海南儋州。

樊素与白居易

唐代著名诗人白居易青睐过两位歌伎，一个是小蛮，另一个就是樊素。唐代孟棨的《本事诗·事感》中写道："白尚书（居易）姬人樊素善歌，妓人小蛮善舞，尝为诗曰：樱桃樊素口，杨柳小蛮腰。"《旧唐书·白居易传》记载："樊素、蛮子者，能歌善舞。"白居易为樊素写过多首诗词，如《春尽日宴罢，感事独吟》《不能忘情吟》等。

新城道中二首

东风知我欲山行，吹断檐间积雨声。
岭上晴云披絮帽，树头初日挂铜钲。
野桃含笑竹篱短，溪柳自摇沙水清。
西崦人家应最乐，煮芹烧笋饷春耕。

身世悠悠我此行，溪边委辔听溪声。
散材畏见搜林斧，疲马思闻卷旆钲。
细雨足时茶户喜，乱山深处长官清。
人间岐路知多少，试向桑田问耦耕。

这两首诗写于杭州任上。苏轼任杭州通判期间，常巡察属下各县。这组诗就是他从富阳去往新城途中的所见所闻所感。诗中描写了明媚的春光和繁忙的春耕，景中有情，情中有景，两首诗各有偏重，表达了诗人愉悦的心情。

浣溪沙

　　簌簌衣巾落枣花，村南村北响缫车。牛衣古柳卖黄瓜。

　　酒困路长惟欲睡，日高人渴漫思茶。敲门试问野人家。

　　《浣溪沙》为组词，共五首，此为第四首。苏轼任徐州太守期间，当地遭遇严重旱灾，他率民众到城外石潭祈雨。降雨后，苏轼又与大家一起去石潭谢雨。这组词就是在谢雨的路上写的。词中描绘作者在乡间路上的所见所感，语言清新朴素，生动传神，虽然写的都是平常农事，却仿佛看到一幅初夏时节的农家风俗画。

二十二

九州无非是一大岛

宋哲宗亲政后的绍圣、元符年间，是新党在朝廷占绝对优势的时期，他们对旧党进行了残酷的清算，所谓的元祐党人无一幸免。

绍圣四年，苏轼继续被贬海南，与这个大背景有关。

随心所欲的贬谪方式

紧盯着苏轼的，是当时任宰相的章惇。

朝中对这一批元祐党人的斥逐，用的是这样的法子：先整理一份要贬谪的人的名单，然后列出广南东西两路的各州郡，根据这些州郡的水土美恶及对被贬人的量罪轻重，来加以贬窜。可章惇偏偏就不走寻常路。他用的法子是，看被贬人的姓名字号与候选州郡有对应的偏旁的，就把这个人贬到那里。苏轼字子瞻，就把他贬到儋州（今海南省儋州市中和镇）；苏辙字子由，就把他贬到雷州（今广东省雷州市）；黄庭坚字鲁直，就把他贬到宜州（今广西河池宜州区）；刘挚字莘老，就把他贬到新州（今广东省新兴县）。瞻与儋，都有"詹"；由与雷下面的"田"字形近；直与宜形近；莘下面的"辛"与"新"字左边的"亲"字形相近……

这样的贬谪方法，真是如同儿戏。贬谪毕竟是朝廷重要的政务之一，章惇竟如此随意。殊不知，他的随手指点对被他播弄而贬谪到各地的人来说，有的可能一辈子再也没法回来了。

苏轼和弟弟苏辙在这一轮贬谪中，一贬海南，一贬雷州。两人在广西的梧州和藤州之间相遇，于是结伴南下。路边有卖汤饼（一种水煮的面食）的，两人停下来买了两碗，聊以充饥。但这汤饼味道很差，简直吃不下去，这边苏辙放下筷子直叹气，而那边苏轼已经稀里呼噜地连汤水都干完了。只见苏轼慢悠悠地对苏辙说："弟弟啊，这种食物，你难道还要细细咀嚼，慢慢品味吗？"两人大笑起身。

出门在外，哪怕是在被贬途中，吃得香，睡得着，就不会有大事。

东坡早已把人生看得通透。他在雷州和秦观相遇，两人共谈，都担心朝中的落井下石者会进一步展开迫害。秦少游也是个妙人，他把自作的挽词拿给苏轼看，苏轼一看，非常高兴，抚着秦观的背说："我常常忧虑少游你没懂其中的道理，现在我还有什么话说？我也给自己作了墓志铭，把它封好交给了随从，没让苏过知道。"师生俩就此别过。

要知道，朝廷对他们这批被贬人员，是非常关注的。比如雷州刺史张逢，久慕苏氏兄弟之名，听说两人遭贬将来，先一步就写信表示欢迎，等到苏轼与苏辙来到雷州，又让官中出钱，租了民房，给苏辙住。东坡继续渡海南下，张逢又亲自送到郊外。这种礼遇罪人的行为，被广南西路的帅臣段讽得知，段讽大怒，立刻弹劾张逢与元祐党人苏轼、苏辙交结，将张逢除名免职，将苏辙再贬到循州

（今广东龙川县）。

在这种几乎被压迫得透不过气来的氛围中，苏轼来到了海南儋州。

初到儋州

苏轼渡海来到儋州，无处可住。昌化军使张中先将他安置在行衙，又重新整饰官舍，让苏轼长住。此时朝廷命令湖南提举常平董必察访广南西路，得知了这件事，于是董必派出使臣，到儋州将苏轼从官舍中赶了出去，并查处了张中，张中因此被贬。

这件看起来很过分的事，据说还是董必手下留了情。董必在雷州本来是想派个得力的人去海南迫害苏轼的，结果他身边的谋士彭子民哭着劝他："人人家各有子孙。"意思是你今天这样子整人，保不定自家子孙将来也会陷入同样的境地，万事留一线为好。于是董必有所醒悟，改派了一个小使臣去儋州，对苏轼也只是驱逐出官舍了事。

没了住的地方，总要想个法子。苏轼于是自己在儋州买了地，盖成了五间屋。潮州人王介石在儋州客居，也过来帮忙，亲自和泥筑墙。东坡诗中有"旧居无一席，逐客尤遭屏"的句子，讲的就是刚到儋州的这一段艰苦生活。

这样的生活，要说没有苦闷，是不可能的。下面一则轶事展现

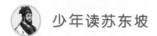

了东坡在如此的逆境中自我调适的心理过程：

> 吾始至南海，环视天水无际，凄然伤之曰："何时得出此岛耶？"已而思之，天地在积水之中，九州在大瀛海中，中国在少海中，有生孰不在岛者？覆盆水于地，芥浮于水，蚁附于芥，茫然不知所济。少焉水涸，蚁即径去，见其类，出涕曰："几不复与子相见！"岂知俯仰之间，有方轨八达之路乎？念此可以一笑。
>
> 戊寅九月十二日，与客饮薄酒小醉，信笔书此纸。

　　这里东坡用庄子的思想来消解自己所面对的生存困境。他将九州和中国都想象在大小不一的海中，那么，九州和中国就与海南岛一样，都是一个大岛而已，天下具有生命的生灵，又有哪一个不是在岛上呢？

　　由此，他部分消解了被贬谪到海南岛的痛苦。人生如梦的思想，也再次感染了他。据说他在儋州曾经背着一个大葫芦瓢，在田亩之间放歌而行，所歌的是《哨遍》曲。一位给他送饭的老婆婆，年已七十，颇有见识，对他说："内翰昔日富贵，一场春梦！"东坡很赞同她的话，当地人于是称呼这位老婆婆为"春梦婆"。东坡有诗云："符老风情奈老何，朱颜减尽鬓丝多。投梭每困东邻女，换扇惟逢春梦婆。"说的就是这位老人。

东坡在儋州

东坡在儋州，从行迹上看，达到了从心所欲而不逾矩的境界。他仿佛摆脱了世俗的枷锁，尽情享受着生命的自由。

苏轼和幼子苏过到了海南，住在茅草覆顶的竹屋之中，每天吃的是当地产的芋头，经常去和当地人交易一些蔬菜，过着清苦的生活。他在儋州时所作的诗歌渐入化境，达到了很高的艺术造诣。

儋州在宋代是文教比较落后的地方。东坡在儋州，想找文士闲谈，都难以如愿。与他交往较多的是黎子云兄弟，还有拜他为师的学生姜唐佐。由于儋州僻远，文教不兴，他刚去时无书可读，黎子云家有几册柳宗元的文章，东坡整日玩诵吟咏。还有陶渊明集，也是东坡爱读的书。陶诗和柳文，东坡称之为"南迁二友"。在刚到海南的时候，这两部集子给了他精神上深深的慰藉。后来友人郑嘉会用海船载了一千余卷书到儋州，苏轼这才算有书可读。

僧人惠洪游儋州时，曾去黎、姜二家探访东坡的遗迹。黎家人告诉他，东坡几乎天天都来，常从他家讨一些蔬菜回去吃。又向惠洪出示东坡北归时留下的离别诗："我本海南民，寄生西蜀州。忽然跨海去，譬如事远游。平生生死梦，三者无劣优。知君不再见，欲去且少留。"诗后有一条附言，说："新酿甚佳，求一具理，临行写此，以折菜钱。"可见东坡与黎家的交情是很深的，东坡求菜求酒，也是随心所欲，并没有半点儿挂碍在心里。有一天，他从黎家回去，刚好天上落下雨来，于是他从路边的农家借了竹箬（ruò）笠戴在头上，穿着木屐，冒雨而回。据说路上的妇人和小儿拍掌谈笑，跟随着他的步伐，城中的狗纷纷叫个不停。这一幕放达的场景，后人多有把它渲染成画面的，就是《东坡冒雨图》或《东坡笠屐图》。

据姜唐佐的母亲回忆，东坡喜欢吟诗。曾经有一次，他挂杖来到姜家，自己找了个凳子坐下，问姜唐佐去哪里了。姜母回答说，他去了村子里，还没回来。东坡看到桌上有一张包灯芯用的纸，于是用手把它理平，写了满纸的字，对姜母说："等姜秀才回来后，给他看看。"惠洪请姜母拿出此纸，只见上面墨迹纵横，内容是："张睢阳生犹骂贼，嚼齿穿龈；颜平原死不忘君，握拳透掌。"由此可见，对于政敌的迫害，东坡胸中还是有放不下的抑郁之气在的。

东坡在儋州，曾给姜唐佐题扇："沧海何曾断地脉，白袍端合破天荒。"姜唐佐请他写完这首诗。东坡说："等你登科后，我会为你续完。"其后数年，姜唐佐成为广东的贡生，到了东京，其时东坡已去世，他又去见了苏辙。将扇面呈上后，苏辙感慨不已，为其续完全诗。全诗云：

生长茅间有异芳，风流稷下古诸姜。适从琼管鱼龙窟，秀出羊城翰墨场。沧海何曾断地脉，白袍端合破天荒。锦衣他日千人看，始信东坡眼目长。

　　元符三年的一天，苏轼对苏过说："我曾跟你说过，我绝不会死在海外。近来我感觉回到中原的契机就在眼前了。"于是他洗砚、焚香，预备下纸笔，祷告说："如果我能返回中原，我此时写下平生所作的八篇赋，不错一字！"写完之后，苏轼读了一遍，大喜，说："我能回去，没有疑问了！"几天后，他收到秦观来信，告知朝廷已经下令将他改贬廉州。在儋州待了三年，苏轼终于迎来了北返的曙光！

投梭每困东邻女

《晋书·谢鲲传》记载，谢鲲看到邻家有个女子长得很美，就以言语挑逗，那女子气极，拿起织布梭子向谢鲲投掷过去，打掉了他两颗牙齿。

换扇惟逢春梦婆

清人杨潮观的《吟风阁杂剧》中《换扇巧逢春梦婆》一折，讲的是苏东坡被贬官琼岛，得一老婆婆指点，以手中大瓢换取春梦婆扇子一柄。后人诗中也多有"春梦婆"的引用，如金朝元好问的《出都》诗："神仙不到秋风客，富贵空归春梦婆。"清代赵翼的《五十初度》诗："而今总作浮沤看，付与人间春梦婆。"

二十三

生命的尽头是中原

　　元符三年正月，宋哲宗病逝，年仅二十五岁，向太后垂帘，立赵佶为帝，即宋徽宗，开始逐渐起用元祐党人。这年四月下诏，被贬的元祐党人开始量移，苏轼以琼州别驾廉州安置。六月，苏轼离开儋州，七月四日，至廉州（今广西合浦县）贬所。八月，移永州安置。十一月，行至英州（今广东英德市），奉敕复朝奉郎提举成都府玉局观，在外州军任便居住。苏轼计议之下，准备到常州定居。徽宗建中靖国元年（1101 年）年六月，苏轼抵达常州。七月二十八日，苏轼卒于常州，度过了他生命中的最后时刻。

命运的翻转

　　与苏轼开始北返同时，绍圣年间占据高位的章惇、蔡京等人被清理出朝廷，章惇更是被贬雷州。命运在这里开了一个不大不小的玩笑，为满足自己的恶趣味，按人的字号决定其贬所的章惇，自己也成了被贬的一方。

　　东坡在惠州时，就将陶渊明的诗歌全部作了和诗。黄庭坚在黔南听闻此事，作《跋子瞻和陶诗》："子瞻谪岭南，时宰欲杀之。饱吃惠州饭，细和渊明诗。彭泽千载人，东坡百世士。出处虽不同，风味乃相似。"后来东坡又贬至儋州，久而久之，天下人失去了他的

消息，纷纷传说他已去世。此时苏轼得以北归，章惇却南下贬所雷州了。当东坡北返到南昌时，刺史叶祖洽对他说："世间都在传你已归道山，如今还在游戏人间啊？"东坡机智地回答说："本来是要走的，归途中见到了章子厚（即章惇），我就返回了。"

的确，苏轼的文名为天下人所知，他的北返之路，走走停停，伴随着与无数钦慕者的会见与交流。早在初离儋州时，就有当地的十余名父老乡亲携带酒菜，来到船边相送，与苏轼执手涕泣，说："此回与内翰相别后，不知甚时再得来相见。"元符三年九月，苏轼从廉州抵达广州，在那里和苏迨、苏迈以及家人相聚，也在那里得知了秦观卒于藤州的消息，大为悲恸。此后他一路北上，所到之处观者聚集，都想看看这位大文豪的风采。比如当他经过江西新淦（gàn）时，当地人正在修一座桥，听闻东坡到来，当地父老有两三千人，群聚在东坡所乘的船边，请他为桥取名。东坡在舟中书"惠政桥"三字交给父老，当地遂以此名名桥。当他由运河到达常州时，已经是建中靖国元年的六月十五日，东坡有点儿中暑，坐在船中，运河两岸有成千上万人夹岸围观。东坡不禁对船上陪同他的人说："莫看杀轼否？"他在百姓心中的威望，由此可以想见。

生命的最后时刻

苏轼于建中靖国元年六月十五日到常州，钱济明来迎，东坡染疾，即以后事相托，并想将贬谪海外时所撰《易》《书》《论语》三书的注解传给钱济明。正要打开箱箧（qiè），却发现钥匙找不着了。钱济明宽慰他说："我能随身侍奉您，日子还长，不用着急。"于是护送苏轼到常州，借住在顾塘桥孙氏的宅中。此后到七月上旬，钱济明每天去见东坡，与之谈诗论文，觉得东坡"眉宇间秀爽之气，照映坐人"，似乎病情好转。

然而到了七月十五日，东坡热毒转盛，药石无效，到了二十五日病危，二十八日去世，年六十六岁。据说他临终之时，要求侍者为他沐浴，穿上了朝服，谈笑而逝。苏轼去世的消息传开，吴越百姓相哭于市；士大夫们纷纷上门吊唁（yàn），太学生两百余人，饭僧于惠林精舍，以祭东坡。

苏轼的讣（fù）告闻于四方。传到京师后，王定国和李廌都写有疏文。李廌文中有句曰："道大不容，才高为累。皇天后土，鉴平生忠义之心；名山大川，还千古英灵之气。识与不识，谁不尽伤？闻所未闻，吾将安放！"这几句祭文，为当时人所称颂。他的学生张耒，时为颍州知州，听到老师去世的噩耗，用自己的俸禄在荐福禅寺做法事，以致哀痛之情。张耒因此受到弹劾，贬官为房州别驾，黄州安置。黄庭坚在荆州听到东坡去世的消息，悬东坡像于室，每天清早整齐衣冠，上香祭拜，态度非常尊敬。

北宋最大的文豪，就这样逝去了。当他北返过金山时，曾题自己的小像："心似已灰之木，身如不系之舟。问汝平生功业，黄州惠州儋州。"这可算是苏轼临终前对自己一生的总结吧。

生前生后名

苏轼的朋友刘安世，曾这样评论他：

士大夫只看立朝大节如何。若大节一亏，则虽有细行，不足赎也。东坡立朝大节极可观，才意高广，惟己之是信。在元丰则不容于元丰，人欲杀之；在元祐则虽与老先生议论，亦有不合处。非随时上下人也。

"非随时上下人也"，指出了苏轼思想独立与人格独立的特点。他虽然在政治属性上被划分为旧党以及元祐党人，但作为个人来说，他既不见容于新党，也不见容于旧党。这一切，正是因为他持身极正，秉持大节，不因外界干扰而改变自己的立场，而随世浮沉。这是一种非常可贵的独立精神，世人常感叹他将儒释道三家完美地融合在一起，却往往忽视了他是一位极有主见的政治家和思想家。

至于苏轼的书法，在他去世后的崇宁大观年间，蔡京当国，设元祐党禁，曾专门发出诏旨，天下碑碣榜额，凡是东坡书写的，都要全部毁去。有收藏习用苏黄之文的，并令焚毁，犯者以大不恭论。东坡的书法作品，在这一场劫难中被毁去了很多。可是到了宣和后期，禁令松弛，皇室主动搜求东坡的翰墨，一纸直至万钱。当时的奸臣梁师成，曾以三百千钱买下《英州石桥铭》，谭稹花五万钱买了东坡所书"月林堂"榜额三字。后来北宋灭亡时，内府珍宝书法都被金人席运到北方，南方还有一些在收藏家中流传。

苏轼的文学作品，虽经朝廷禁止，但依然传颂。北宋崇宁大观之间，苏轼贬谪时所写的诗歌盛行于世，朝廷虽然出赏钱八十万加以禁止，但越禁传得就越多。当时的士大夫如果不能背诵几首东坡的诗，自己就会觉得气虚无神。南宋初年，苏轼的文章风行天下，学者翕（xī）然从之，当时有俗语道："苏文熟，吃羊肉；苏文生，吃菜羹。"南宋孝宗十分尊重苏轼，从来都只称其名为"子瞻"或"东坡"。

到了后世，苏轼更是被认定为北宋最优秀的文学家。诗词文兼擅、儒释道融通的特点，使得他成为传统读书人最集中的代表人物。后代的人不但学习他的作品，也学习他在顺境和逆境中不同的处世之道。

从某种意义上说，苏东坡是中国古代士人的一个永远的丰碑。我们今天了解苏东坡、学习苏东坡，既是学习他的天才创作的精意灌注的作品，也是学习他宠辱不惊的人生态度，学习他善于在这个丰富而繁杂的人世中自处的精神。

跋子瞻和陶诗

　　这是黄庭坚为苏轼诗集所写的跋，黄庭坚将苏轼与陶渊明相提并论，可见苏轼在其心中的地位是何等高。

浣溪沙

　　山下兰芽短浸溪，松间沙路净无泥，萧萧暮雨子规啼。

　　谁道人生无再少？门前流水尚能西！休将白发唱黄鸡。

　　这首词于宋神宗元丰五年三月，诗人游蕲水清泉寺时写下。词中描写了初春的雨景，看到萌芽的兰草、西流的小溪，唤起心中的喜悦及对人生的哲思，表达出词人虽处逆境，却乐观向上的人生态度。